A. GIRARD & F. DUMAS

Histoire

de la

Guerre de 1870-71

110 Gravures.   23 Cartes et Plans de batailles

PARIS. — LIBRAIRIE LAROUSSE

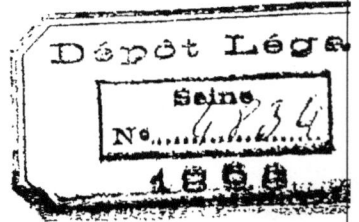

HISTOIRE

DE LA

GUERRE DE 1870-71

L'EUROPE EN 1870

HISTOIRE

DE LA

GUERRE DE 1870-71

PAR

A. GIRARD

Agrégé de l'Université,
Professeur d'Histoire et de Géographie
au lycée d'Agen.

F. DUMAS

Agrégé de l'Université,
Docteur ès lettres, Maître de conférences
à la Faculté des lettres de Toulouse.

110 Gravures

23 Cartes et Plans de batailles

PARIS

LIBRAIRIE LAROUSSE

17, rue Montparnasse, 17

Succursale : rue des Écoles, 58 (Sorbonne)

Aux Écoliers français,

C'est pour vous, écoliers français, que nous avons composé ce petit livre, et c'est à vous que nous le dédions.

Nous n'avons pas eu la prétention d'écrire une histoire complète de la guerre de 1870. Nous avons voulu simplement vous faire connaître les principaux événements de cette lutte qui a eu pour notre chère France de si funestes conséquences.

Car — beaucoup d'hommes compétents l'ont remarqué et le déplorent — si vous savez ce que firent, au moyen âge, Clovis, Charlemagne ou Louis IX, vous ne pourriez pas raconter le rôle joué, il y a un quart de siècle, dans cette Année terrible par Bazaine ou par Chanzy, ni préciser les souvenirs qu'éveillent aujourd'hui les noms de Metz ou de Sedan, de Coulmiers ou de Bapaume.

Nous n'oublions pas toutefois que cette histoire constitue l'un des derniers chapitres de vos succints manuels et que, faute de temps, vos maîtres, même les plus zélés, se voient dans l'impossibilité de vous entretenir des diverses péripéties de la guerre franco-allemande.

Votre ignorance est donc excusable, mais il faut qu'elle cesse; il faut que, dès l'école, vous soyez instruits d'événements auxquels des membres de votre famille ont pris part ou dont ils ont été les témoins et qui ont amené la perte de deux de nos plus belles provinces, l'Alsace et la Lorraine!

Et puis, n'êtes-vous pas les soldats de demain, ceux en qui la France a mis toutes ses espérances? Apprenez donc ce qu'ont souffert vos aînés, les vaincus de 1870, et ce qu'ils ont dépensé de vaillance, d'héroïsme et de dévouement avant de succomber. Ils vous offriront maints exemples bons à méditer et à suivre.

Ainsi notre petit livre, en comblant une lacune dans notre enseignement national, servira à fortifier en vous, écoliers français, cet amour de la patrie qu'on ne saurait trop vous inculquer, et qui n'a cessé de nous guider dans notre modeste travail!

A. GIRARD et F. DUMAS.

Entrevue de Napoléon III et de Bismarck à Biarritz (octobre 1865).

HISTOIRE DE LA GUERRE DE 1870-71

CHAPITRE PREMIER

LA PRUSSE ET LA FRANCE AVANT 1870

En 1870, lorsque la guerre éclata entre la France et la Prusse, elle était considérée comme inévitable depuis plusieurs années. Le ministre du roi de Prusse, le comte de Bismarck, cherchait à faire de sa nation la première des puissances allemandes, et de l'Allemagne, dirigée par la Prusse, une des premières puissances de l'Europe. La réalisation d'un tel projet était tout à fait contraire aux intérêts de la France. Nous avions toujours cherché à rendre impossible la formation, sur notre frontière de l'Est, d'une puissance capable à elle seule de nous résister. C'était là notre politique traditionnelle, et les diplomates les moins clairvoyants auraient dû comprendre qu'il n'en était pas de meilleure ; ils auraient dû faire tous leurs efforts pour que la Prusse ne s'agrandît pas en Allemagne, car elle ne pouvait le faire qu'au détriment de notre influence en Europe. Malheureusement, ils ne surent ou ne purent rien empêcher.

Pour arriver à son but, Bismarck chercha tout d'abord à exclure de la Confédération germanique l'Autriche qui, en vertu des traités de 1815, y avait la prépondérance ; mais convaincu que la France s'opposerait à son projet, il travailla à s'assurer la neutralité bienveillante de Napoléon III. Il vint le trouver à Biarritz en octobre 1865. Il lui promit sans doute des compensations sur la rive gauche du Rhin à la condition qu'il le laisserait libre d'agir en Allemagne. Peut-être aussi lui représenta-t-il que la Prusse cherchait à faire en Allemagne ce que Napoléon avait fait lui-même en Italie, c'est-à-dire à faire triompher le principe des nationalités, et l'on sait ce que cette politique, qui a eu pour nous des conséquences si fatales, avait de séduisant pour Napoléon III. Celui-ci laissa donc le ministre prussien libre d'agir à sa guise, ce qui fut une grande faute.

Sûr de la neutralité française, Bismarck n'attendit plus qu'une occasion pour commencer la lutte contre l'Autriche. Le prétexte fut le partage des duchés de Sleswig et de Holstein que les deux puissances venaient d'enlever au Danemark, et au sujet duquel elles ne purent s'entendre. Les Prussiens furent vainqueurs des Autrichiens à Sadowa le 3 juillet 1866.

Aussitôt après sa victoire, la Prusse réunit à son territoire le Hanovre, la Hesse électorale, le Nassau, Francfort-sur-le-Mein et les duchés de l'Elbe. Bismarck s'entendit ensuite avec les États du sud de l'Allemagne, la Bavière, le Wurtemberg, le grand-duché de Bade ; il signa avec eux des traités d'alliance offensive et défensive. Les contractants se garantissaient réciproquement l'intégrité de leur territoire et les États du Sud s'engageaient à mettre, en cas de guerre, toutes leurs forces militaires à la disposition du roi de Prusse.

Napoléon III, qui aurait pu pendant la lutte, par une simple démonstration sur le Rhin, obtenir des rectifications de frontière, n'avait rien fait ; mais il réclama, après coup, l'exécution des promesses reçues à Biarritz. Bismarck déclara qu'il ne pouvait céder un pouce de territoire allemand et que, s'il le fallait, on aurait la guerre. La France n'était pas prête, il fallut supporter l'affront que nous faisait la Prusse. C'était un grave échec pour la politique impériale ; son prestige venait de recevoir une profonde atteinte.

L'année suivante, l'Empereur essaya de réparer ce désastre. Il obtint du roi de Hollande, pour la somme de 90 millions, la cession du Luxembourg à la France, après un vote des habitants.

Mais le Luxembourg faisait partie de la Confédération germanique; le Parlement de l'Allemagne du Nord s'émut du projet de l'Empereur, et Bismarck intima l'ordre au roi de Hollande de ne donner aucune suite aux propositions de la France. L'intervention prussienne blessa profondément l'Empereur; ce nouveau recul, venant après l'échec de 1866, après les hontes du Mexique, pouvait avoir pour sa dynastie les conséquences les plus funestes. Seule, une guerre heureuse contre la Prusse pouvait consolider sa famille sur le trône et rendre à sa diplomatie l'autorité qu'elle avait perdue en Europe.

D'un autre côté, Bismarck, poursuivant l'œuvre commencée en 1866, cherchait à rendre plus intime l'union des États allemands avec la Prusse; il savait que la France lui était hostile, qu'elle s'opposerait toujours à l'unification de l'Allemagne et que, seule, la force des armes l'obligerait à la ratifier.

Le prince Bismarck.

Le prince Bismarck commença, ainsi que tout Prussien, par entrer dans l'armée, où il servit à titre de volontaire d'infanterie. En 1851, il embrassa la carrière diplomatique. Il fut envoyé à Francfort, puis à Saint-Pétersbourg, puis à Paris, où il devint l'ami intime et peu sincère du souverain de la France... Il sut si bien flatter et tromper Napoléon III et entrer dans ses vues, que ce dernier laissa faire l'alliance de la Prusse et de l'Italie. En 1866, les succès obtenus furent si rapides, l'impuissance de la France était si grande à cette époque, que cette politique se mit, par les conséquences qui en résultèrent, à la remorque de celle de M. de Bismarck.

Bismarck,
ministre du roi
de Prusse.

Faut-il dire qu'à sa qualité de diplomate sans rival, cet homme célèbre ajoute tous les avantages physiques? Taille élevée et bien proportionnée, front large et haut, regard clair, bienveillant quand il le veut, ou froid ou dédaigneux et souvent impénétrable. Il a la parole facile, élégante, même dans les langues étrangères. Chaque mot qu'il prononce semble avoir été choisi avec soin comme le meilleur pour atteindre sans effort l'effet qu'il se propose. Le comte, que j'ai vu deux fois, dans deux circonstances critiques, résume pour moi l'homme le plus dangereux et le plus séduisant qui se puisse rencontrer. Aussi inflexible que le général de Moltke, il sait s'engager ou se retirer à volonté, se montrer conciliant ou raide, faire passer de l'espérance au désespoir, et deviner, dans les alternatives qui en sont les conséquences, tout ce qu'il peut exiger de ses adversaires. Joignez à tout cela l'audace qui ne s'étonne et ne s'effraie de rien, et qui le porte souvent à publier, sans ménagement, le but qu'il veut atteindre, tant son esprit perspicace sait calculer les moyens propres à y arriver.

(WIMPFFEN, *Sedan*)

Ems.

CHAPITRE II

LA CANDIDATURE DU PRINCE DE HOHENZOLLERN
ET LA DÉCLARATION DE GUERRE

Dès l'instant où les deux gouvernements étaient décidés à la guerre, il était bien difficile de l'éviter, le moindre incident pouvait la faire éclater. Cet incident se présenta le 3 juillet 1870 ; ce fut la candidature du prince Léopold de Hohenzollern, parent du roi de Prusse, au trône d'Espagne.

Une révolution avait eu lieu en Espagne en 1868 : la reine Isabelle avait été renversée. Le gouvernement provisoire se prononça pour la monarchie, il s'agissait de trouver un roi. Après plusieurs démarches infructueuses, les chefs du gouvernement espagnol s'adressèrent au prince de Hohenzollern, qui accepta la candidature.

Napoléon III considéra à juste titre que cette élection serait un nouvel échec pour sa diplomatie, et il se montra disposé dès le premier jour à l'empêcher par tous les moyens. Mais la manière dont les deux gouvernements, français et prussien, conduisirent les négociations, prouve bien que la candidature du prince de Hohenzollern n'était pour eux qu'un prétexte et que la guerre était en réalité le but qu'ils poursuivaient. Le simple exposé des faits suffit pour s'en convaincre.

Le 6 juillet, un député du Centre gauche, M. Cochery, déposa une demande d'interpellation sur la candidature d'un prince de la famille royale de Prusse au trône d'Espagne. Le ministre des Affaires étrangères, le duc de Grammont, sur qui pèse en grande partie la responsabilité des événements ultérieurs, fit une réponse qui mettait le roi Guillaume de Prusse dans la nécessité de subir un affront diplomatique ou de déclarer la guerre : « Nous ne croyons pas que le respect des droits d'un peuple voisin nous oblige à souffrir qu'une puissance étrangère, en plaçant un de ses princes sur le trône de Charles-Quint, puisse déranger à notre détriment l'équilibre actuel des forces en Europe et mettre en péril les intérêts et l'honneur de la France. Cette éventualité, nous en avons le ferme espoir, ne se réalisera pas. Pour l'empêcher, nous comp-

Le duc de Grammont, ministre des Affaires étrangères.

tons à la fois sur la sagesse du peuple allemand et sur l'amitié du peuple espagnol. *S'il en était autrement, forts de votre appui et de celui de la nation, nous saurions remplir notre devoir sans hésitation et sans faiblesse.* »

Notre ambassadeur en Prusse, le comte Benedetti, partit le 8 juillet pour Ems[1] où se trouvait en ce moment le roi Guillaume. Il devait exiger de lui une déclaration par laquelle il n'approuvait pas la candidature de son cousin au trône d'Espagne. Le roi de Prusse se montra très modéré. Quand le prince de Hohenzollern eut renoncé, le 12 juillet, au trône d'Espagne, Guillaume autorisa notre ambassadeur à informer notre gouvernement « qu'il consentait à donner son approbation entière et sans réserve au désistement du prince de Hohenzollern ». Le conflit était terminé à notre avantage, la guerre était évitée. Mais ce n'était pas là ce que voulait le gouvernement impérial. Le duc de Grammont demanda que le roi de Prusse « prît un engagement pour qu'à l'avenir une pareille candidature ne fût plus autorisée ». Le roi de Prusse refusa

---

1. Station thermale dans la vallée de la Lahn, à 22 kilomètres E. de Coblentz.

absolument d'engager l'avenir ; il considérait la question comme réglée par le retrait de la candidature, et quand notre ambassadeur lui fit demander une nouvelle audience pour traiter la question des garanties, il fit répondre « qu'il était obligé de refuser d'entrer dans de nouvelles négociations et qu'il entendait réserver sa liberté d'action suivant les circonstances ».

L'impératrice Eugénie.

Le roi de Prusse ne considérait pas cette réponse comme blessante, et Benedetti ne soupçonnait pas non plus que la France avait été offensée en sa personne. « Il n'y a eu à Ems, dit-il lui-même, ni insulteur ni insulté. » Le 14 juillet, au moment où le Roi partait pour Coblentz, il reçut Benedetti dans un salon réservé de la gare ; il échangea avec lui des saluts courtois et il lui répéta « qu'il n'avait plus rien à lui communiquer et que les négociations qui pourraient être encore poursuivies seraient poursuivies par son gouvernement ».

Bismarck, informé à Berlin des négociations d'Ems, réunit un conseil auquel assistèrent le ministre de la Guerre de Roon et le chef de l'état-major de Moltke. Sur la demande de Bismarck, ils déclarèrent que la Prusse n'avait jamais été mieux en mesure d'entreprendre la guerre. Encouragé par cette assurance, Bismarck qui jugeait la guerre utile, se décida, comme il l'a plus tard avoué lui-même, à falsifier la dépêche d'Ems, et il fit envoyer à toutes les chancelleries le télégramme suivant : « Après que la nouvelle de la renonciation du prince de Hohenzollern a été officiellement donnée au gouvernement français par celui de Madrid,

Guillaume Ier, roi de Prusse.

l'ambassadeur français a fait demander au roi Guillaume de l'autoriser à télégraphier à Paris que Sa Majesté le Roi s'obligeait pour l'avenir à ne jamais donner son consentement aux Hohenzollern, dans le cas où ceux-ci reviendraient sur leur renonciation. Sa Majesté le Roi a refusé de recevoir encore une fois l'ambassadeur français, auquel il a fait savoir par l'aide de camp de service qu'il n'avait plus rien à lui communiquer. »

Ce télégramme fut connu à Paris dans la journée du 14. Le président du Conseil des ministres, Émile Ollivier, et le ministre des Affaires étrangères, le duc de Grammont, avaient d'abord décidé de

Thiers à la tribune de la Chambre des députés le jour de la déclaration de guerre à la Prusse
(15 juillet 1870).

se contenter de la réponse de Benedetti ; mais bientôt les excitations, les menaces des partisans de la guerre, soutenus par l'Impératrice, les firent changer d'avis, et le 15 juillet le ministère fit aux Chambres une communication dans laquelle il déclarait « qu'il prenait immédiatement les mesures nécessaires pour sauvegarder les intérêts, la sécurité et l'honneur de la France ». Les députés de la majorité applaudirent avec enthousiasme, et malgré un éloquent discours de Thiers et l'intervention de Gambetta, la guerre fut déclarée à la Prusse. C'est dans cette séance mémorable qu'Émile Ollivier prononça les paroles suivantes : « De ce jour commence pour les ministres, mes collègues, et pour moi, une grande responsabilité. Nous l'acceptons le cœur léger. »

Paroles plus qu'imprudentes, quand on songe à l'insuffisance de nos ressources militaires et à la précarité de nos amitiés en Europe, dans ce fatal mois de juillet 1870.

Autour de la dépêche d'Ems.

MM. de Bismarck, de Moltke et de Roon, le 13 juillet 1870, étaient assis à table. Ils s'entretenaient des négociations engagées à Ems entre le roi Guillaume et l'ambassadeur de France, et ils espéraient qu'elles finiraient bien, c'est-à-dire par la guerre. Mais une dépêche arriva d'Ems qui racontait les incidents de la journée. M. de Bismarck la lut à ses convives. Ceux-ci, comprenant que les choses menaçaient de s'arranger, laissèrent tomber couteau et fourchette et roulèrent leurs chaises. « Nous étions profondément abattus », a dit M. de Bismarck. En effet, la guerre de France était une vocation, une fin de carrière. Alors, M. de Bismarck demanda aux deux généraux s'ils lui répondaient de la victoire, autant qu'on peut en répondre. Sur leur déclaration « que l'instrument était prêt », il arrangea si bien la dépêche qu'elle devint pour la France une provocation à déclarer la guerre, puis, tous les trois, « continuèrent à manger du meilleur appétit ». Moins de deux mois après les trois personnages étaient réunis auprès du roi de Prusse, à Sedan. La journée était finie et la moisson couchée dans la plaine. Le roi leva son verre en l'honneur des trois héros de la journée. « Vous, dit-il, ministre de la Guerre de Roon, vous avez aiguisé notre épée; vous, général de Moltke, vous l'avez dirigée; vous, comte de Bismarck, vous avez, par la conduite de la politique, porté la Prusse à la hauteur où elle est aujourd'hui. »

Émile Ollivier,
ministre de la Justice.

Le roi Guillaume parla ce jour-là comme parlera l'histoire. M. de Bismarck a conduit la politique de la Prusse vers la guerre de France.

(LAVISSE, *Lettre à l'empereur d'Allemagne*.)

Extraits du discours de Thiers

(SÉANCE DU 15 JUILLET 1870).

... Je descends de cette tribune, et j'en descends devant les difficultés que vous m'opposez, alors cependant que je ne blesse ni aucune convenance ni aucune personne, ni aucun parti dans cette assemblée ; j'en descends sous la fatigue que vous me faites éprouver en ne voulant pas m'écouter. Toutefois, je ne descends de la tribune que parce que j'ai pu, malgré vous, malgré vos incessantes interruptions, établir le point essentiel de la discussion, à savoir, que l'intérêt de la France était sauf, et qu'on a fait naître entre les deux nations des susceptibilités qui devaient rendre la guerre inévitable. C'est là votre faute. On me demandera : La faute commise, que fallait-il faire ? Il fallait, puisque l'Europe était de si bonne volonté dans ce moment-là, lui donner le temps d'intervenir de nouveau. Il fallait donner à l'Europe le temps d'intervenir, ce qui n'empêchait pas que vos armements ne continuassent, et il ne fallait pas se hâter d'apporter ici, dans le moment où la susceptibilité française devait être la plus exigeante, des faits qui devaient causer une irritation dangereuse. Ainsi, je le répète, ce n'est pas dans l'intérêt essentiel de la France, c'est par la faute du cabinet que nous avons la guerre.

TYPES DE L'ARMÉE FRANÇAISE EN 1870

Zouave. Mobile. Fantassin Cuirassier. Chasseur Chasseur Voltigeur Artilleurs.
                  de ligne.   d'Afrique. à pied. de la garde.

CHAPITRE III

L'ARMÉE FRANÇAISE ET L'ARMÉE ALLEMANDE
LES ALLIANCES

Le 18 janvier 1869, à l'ouverture de la session du Corps légis-latif, Napoléon III déclarait que la France était en mesure de faire face à toutes les éventualités; l'année suivante, le maréchal Le-bœuf, ministre de la Guerre, ne cessait de répéter que « nous étions prêts et archiprêts, et que si la guerre durait un an, nous n'aurions pas un bouton de guêtre à acheter. »

Autant de mots, autant de mensonges.

A l'armée française, il manquait d'abord le nombre. Si, sur le papier, les effectifs atteignaient le chiffre de 600 000 hommes, en réalité, ils se réduisaient à 350 000 environ. Il est vrai que le maréchal Niel avait, par la loi du 1er février 1868, fait créer la garde mobile, qui devait doubler le contingent de l'armée active. Mais son successeur, le maréchal Lebœuf, cédant à de mesquines considérations d'économie, et jugeant inutile ce projet de réor-ganisation militaire, s'était empressé de l'abandonner.

L'armée de 1870 souffrait aussi d'un mode de recrutement défectueux. Le service n'était pas, comme aujourd'hui, personnel et obligatoire. On admettait le remplacement, c'est-à-dire que les jeunes gens qui le pouvaient avaient le droit d'acheter un homme pour le faire servir à leur lieu et place. Or les remplacés n'étaient pas seulement la partie riche de la nation, ils étaient aussi la partie éclairée et travailleuse, et par là l'armée se trouvait privée d'un élément qui en aurait relevé le niveau intellectuel et moral.

Le soldat français n'en avait pas moins des qualités appréciables. La durée du service, qui était de sept ans, lui communiquait la fermeté, l'endurance; et plus d'une fois sa bravoure fut poussée jusqu'à l'héroïsme. Le fantassin disposait d'une arme excellente de combat : le fusil *Chassepot*, remarquable de précision et de justesse, et portant à 1 800 mètres. Mais la cavalerie n'avait pas été préparée au service des explorations et des reconnaissances ; elle ne savait qu'opérer des charges brillantes, sans doute, mais inutiles ; les hommes, trop pesamment chargés, écrasaient leurs chevaux, de qualité généralement médiocre. Si le personnel de l'artillerie ne manquait ni d'intelligence, ni d'intrépidité, le matériel était insuffisant et défectueux : la plupart de nos canons se chargeaient encore par la bouche, et les mitrailleuses ne devaient pas répondre aux espérances qu'elles avaient fait concevoir.

Napoléon III.

Point de chefs d'ailleurs dignes de ce nom. Les généraux qui prenaient à cœur leur métier et qui dédaignaient de faire les courtisans étaient malmenés et tenus à l'écart. La grande majorité des officiers ne travaillait pas, comptant, pour avancer, beaucoup plus sur la faveur que sur le mérite. Le corps de l'état-major, surtout, n'avait pas la moindre idée de son rôle en temps de guerre et négligeait de s'y préparer en temps de paix : il vivait dans les bureaux et dans les salons.

Les vices de notre organisation militaire apparurent nettement dans la mobilisation et la concentration. Au moment de la déclaration de guerre, divisions et corps d'armée étaient encore à créer lorsque les régiments furent mis sur le pied de guerre ; on obligea les hommes à passer d'abord par les dépôts : « Il arriva qu'un homme du département des Pyrénées-Orientales dut, avant de gagner Metz ou Strasbourg, se rendre en Bretagne pour s'ha-

biller et s'équiper, ou qu'un Alsacien dont le régiment se trouvait
en Alsace, alla à Bayonne recevoir son fourniment. » De là une
confusion immense, des lenteurs et des retards considérables. On
vit les gares et les routes encombrées d'hommes isolés et de traînards à la recherche de leur bataillon, le rejoignant lorsque les
premières batailles étaient déjà livrées, ou n'atteignant même
pas leur véritable destination. Dans cette hâte fiévreuse, on ne
trouvait rien, parce qu'en réalité tout manquait : services admi-
nistratifs, ambulances, transports, équipages. « On se débrouil-
lera », telle était la réponse invariable de l'administration centrale,
à toutes les demandes, à toutes les plaintes. En dix jours, cependant, à force de sang-froid et de dévouement,
la Compagnie de l'Est réussit à transporter à
la frontière cette armée aux effectifs incom-
plets, encore à moitié organisée.

Enfin — nouvelle faute — l'Empereur, in-
compétent, physiquement vieilli et usé, se
proclama généralissime de l'armée française,
qu'il divisa en huit corps échelonnés sur
toute la frontière, de Thionville à Belfort. Le
1er corps (Mac-Mahon) fut concentré à Stras-

Le maréchal Lebœuf,
ministre de la Guerre.

bourg ; le 2e (Frossard) à Saint-Avold ; le 3e (Bazaine) à Metz ; le
4e (Ladmirault) à Thionville ; le 5e (de Failly) à Bitche ; le 6e (Canrobert) à Châlons ; le 7e (Félix Douay) à Mulhouse. La garde impériale, sous Bourbaki, se réunit à Nancy.

Combien supérieure était l'armée allemande !... Ici le service
obligatoire pour tous, riches et pauvres, avait créé une armée
vraiment nationale, animée d'un ardent patriotisme et capable de
grandes choses. Ce mode de recrutement donnait en même temps
le nombre : c'étaient 500 000 hommes qui, dès l'ouverture des
hostilités, allaient être dirigés sur le Rhin et, en cas de besoin, ce premier contingent pouvait être facilement doublé. Tous
ces soldats étaient rompus aux exercices militaires, admirable-
ment disciplinés et bien armés. Le fusil *Dreyse*, quoique infé-
rieur comme portée au *chassepot* français, constituait encore une
arme redoutable ; mais l'artillerie surtout, pourvue des excellents
canons Krupp se chargeant par la culasse, ne craignait aucune
comparaison, et c'est surtout au nombre, à la portée de ces canons et à l'emploi savant qui en fut fait, que les Allemands durent

leurs grands succès. Quant aux troupes de cavalerie, habiles,
prudentes et instruites, elles allaient démontrer que le service
d'éclaireurs n'avait plus de secrets pour elles.

A tous les degrés d'ailleurs de la hiérarchie militaire, le souci
de bien faire était le même, et les officiers, par leur sérieux et
leur énergie au travail, inspiraient une pleine confiance au soldat, dont ils pouvaient ainsi tout exiger et tout obtenir. Le généralissime, le roi Guillaume, s'intéressait aux choses militaires et
ne manquait pas d'expérience. Il avait trouvé deux collaborateurs
de grande valeur dans le ministre de la Guerre, de Roon, administrateur vigilant et ferme, et dans le chef de l'état-major,
de Moltke, stratégiste savant, plein de bon sens et de clairvoyance,
qui, dès 1868, avait minutieusement dressé le plan de la future
campagne contre la France. Grâce à eux, la mobilisation et la
concentration des troupes allemandes se firent avec une précision, une régularité et une rapidité merveilleuses. Il suffit d'un
ordre du Roi pour que tout ce qui avait été préparé d'avance
fût ponctuellement exécuté. Chaque corps de troupes connaissait
« le lieu d'embarquement, le jour et l'heure du départ, la durée
du voyage, les stations de repos et le point de débarquement.
Dans la région où devait avoir lieu la concentration, les cantonnements étaient nettement délimités par corps d'armée et divisions ; on avait, en outre, préparé l'établissement de magasins. »
(DE MOLTKE.)

Résolu enfin à frapper de grands coups dès le début, l'état-
major allemand, au lieu de disséminer les troupes, les avait sa-
gement réparties en trois armées : la première, commandée par
le général de Steinmetz, forte de 60 000 hommes, devait aborder
la Lorraine par la vallée de la Sarre. Le prince Frédéric-Charles
avait été placé à la tête de la deuxième armée, dont l'effectif montait à 180 000 hommes, menaçant aussi la Lorraine. Enfin, la troisième armée, aux ordres du prince royal de Prusse, devait se
jeter sur l'Alsace ; elle comprenait 160 000 hommes environ.

Ainsi, tandis que dans l'armée française tout offrait l'image du
désordre et de l'incohérence, l'armée allemande, numériquement
plus forte, engageait la lutte avec une organisation qu'on pouvait
proclamer parfaite.

Avions-nous au moins des alliances ?
Napoléon III s'était flatté d'obtenir le concours armé de l'empe-

TYPES DE L'ARMÉE ALLEMANDE EN 1870 :

Officier général. Chevau- Cuirassier. Artilleur. Infanterie   Uhlan. Fantassin Fantassin
           léger.   (tenue d'hiver). Chasseur. prussien. bavarois.

reur d'Autriche, le vaincu de Sadowa, et du roi d'Italie qu'il avait
sauvé à Solferino. Il est certain que, dès 1868, des échanges de
de vue s'étaient produits entre les trois souverains, tendant à la
conclusion d'une alliance défensive ; la mission de l'archiduc Albert,
à Paris, et celle du général Lebrun, à Vienne, attestent même l'importance des pourparlers. Mais on se laissa surprendre par les
événements de juillet 1870 sans avoir rien signé, et rien ne fut
signé dans la suite.

L'Autriche, en effet, malgré le vif désir de prendre sa revanche
de 1866, ne put surmonter la défiance que lui inspiraient nos
forces militaires ; puis, elle fut arrêtée par la crainte de la
Russie, qui s'était engagée envers la Prusse à paralyser, par un
déploiement important de troupes, toute action de l'Autriche.
L'empereur François-Joseph ne put dès lors que rester neutre.

L'attitude de l'Autriche dicta une résolution analogue au roi
Victor-Emmanuel. Celui-ci, d'ailleurs, était surtout préoccupé,
comme tout le monde politique d'au delà des Alpes, de prendre
possession de Rome, où Napoléon III s'entêtait à maintenir une
garnison française. L'Italie ne songeait qu'à profiter de nos
embarras pour compléter son unité.

Le Danemark, en qui le ministère français voyait un allié possible, s'empressa, sur les conseils du Tsar et devant les menaces

prussiennes, de faire à son tour une déclaration de neutralité.

Enfin, si la Russie approuvait la politique de la Prusse, l'Angleterre, de son côté, se désintéressait de notre sort, faisant un grief
à Napoléon III d'avoir voulu, au dire de Bismarck, mettre la main
sur la Belgique.

Une diplomatie plus franche et plus active eût pu gagner à notre
cause les États de l'Allemagne du Sud, qui gardaient rancune au
roi de Prusse de son arrogance depuis Sadowa. Mais par leurs
exigences maladroites et leur hautaine insistance dans l'affaire
Hohenzollern, Napoléon III et ses ministres forçaient les souverains de Bavière, de Wurtemberg et de Bade à se rappeler que le
roi Guillaume était, après tout, un prince allemand; dès lors,
l'insulte que celui-ci subissait les atteignait aussi. Bismarck,
d'ailleurs, ne manquait pas de réveiller la haine contre l'*ennemi
héréditaire*, et de représenter la guerre comme une guerre nationale. Il cimentait ainsi sans peine l'alliance du Nord et du Midi, et
assurait l'exécution des conventions militaires de 1866, qui met-
taient à la disposition de la Prusse les armées des États du Sud.
Toutes les forces allemandes s'apprêtaient à marcher contre nous.

Sans armée prête, sans alliances conclues, la France courait au
devant de la défaite, victime forcée de la plus folle imprévoyance
et de la plus criminelle légèreté.

Les officiers de l'armée française en 1870.

Mêlés à la vie commune, les officiers voyaient tout le monde chercher à
s'enrichir et beaucoup y réussir. Le prix de toutes choses avait augmenté à un
tel point que leur solde était devenue absolument insuffisante, d'autant plus
qu'un grand nombre d'entre eux avaient été endettés par la guerre de Crimée,
guerre pendant laquelle la presque totalité de leurs appointements avait été
dépensée à se mal nourrir. Ils devinrent donc forcément ambitieux, la lecture
de l'*Annuaire* et le calcul de leurs chances d'avancement fournirent la base de
leur instruction militaire, et tandis qu'à l'époque de notre entrée au service
on aurait honni quiconque eût parlé de ces choses-là à une table d'officiers,
elles y é aient devenues le sujet principal de la conversation. L'étude était en
défaveur, le café en honneur ; les officiers qui seraient restés chez eux pour
travailler auraient été suspectés comme vivant en dehors de leurs camarades.
Pour arriver, il fallait avant tout avoir un beau physique, une bonne conduite
et une tenue correcte ; avec cela, dans l'infanterie, comprendre le service de
l'officier comme celui du caporal, et tenir correctement la main sur la couture
du pantalon, les yeux fixés à quinze pas devant soi en écoutant parler le colonel ; dans la cavalerie, réciter par cœur le littéral de la théorie et faire du
passage dans la cour du quartier avec un cheval bien dressé ; dans l'artillerie,
affecter le plus profond mépris pour les connaissances techniques... Enfin,
dans toutes les armes, être *recommandé*. Un nouveau fléau s'était en effet

abattu sur l'armée et sur le pays : la *recommandation*. Et tandis que tous les fléaux sont passagers, comme la peste, le choléra, le vol de sauterelles, la recommandation a persisté ainsi qu'un mal chronique, destiné à tuer le malade si l'on ne prend pas des mesures énergiques pour tuer le mal!

(Général THOUMAS,
Les Transformations de l'armée française.)
Librairie Berger-Levrault.

Le maréchal de Moltke.

Fils d'un général danois, il fut élevé à l'institut de Copenhague, entra au service de ce pays et quelques années après passa lieutenant dans un régiment prussien. Ardent au travail, payant volontiers de sa personne, il obtint d'être envoyé en Turquie en 1835 pour organiser l'armée otto-mane, et prit part aux luttes qu'eut à soutenir le sultan con-tre le pacha d'Egypte. Nommé chef de bataillon en 1842, il publia en 1845 un livre sur la campagne russo-turque de 1828 à 1829, ouvrage qui, par ses idées élevées, ses justes appréciations, fixa sur lui l'attention. A partir de cette épo-que, on le considéra comme un des hommes les plus remarquables de son arme et on le vit marcher plus rapi-dement aux honneurs. En 1864, il était chef d'état-major des armées opérant contre le Danemark. Il fut chargé, en 1866, de déterminer les marches des armées prussiennes contre l'Autriche et contre les Etats confédérés.

De Moltke, chef
d'état-major général
des
armées prussiennes.

Il cause peu, a la parole brève et cassante. On dit de lui : « Il sait se taire en sept langues. » Homme au corps d'acier et à la volonté de fer, il a la figure maigre, pâle, presque ascé-tique, ne reflétant d'autre passion que celle du rôle qu'il remplit. Son regard fixe tient de celui de l'oiseau de proie, aigle ou vautour ; de ses lèvres minces ne sort aucune expression inutile : c'est l'homme qui commande et qui juge.

(WIMPFFEN, *Sedan.*)

Le soldat allemand.

On a dit — c'est M. Jules Simon — avec une apparente exagération, mais avec vérité en somme, que le vainqueur de Sadowa, ce ne fut point le fusil à aiguille, mais le maître d'école, l'instituteur. On pourrait dire avec plus de raison encore que le vainqueur de 1870, ce ne fut point le canon Krupp, mais le *caractère*. Soumis à de vieilles et féodales idées, courbé sous une forme vermoulue du dévouement, le soldat de l'Allemagne n'en obéit pas moins à l'inflexible règle du devoir. C'est là le trait qui tout d'abord frappe en lui : la discipline. Et la discipline est à une armée ce que la force de caractère est à un homme. Puis vient ce caractère particulier à chaque homme, qui faisait que le uhlan prisonnier, horticulteur sans doute, s'intéressait à des graines comme le peintre aux tableaux et le négociant aux filatures. Non seulement ils *combattaient* en soldats, mais ils *voyageaient* et *étudiaient*. Donc person-nalité quant au caractère, effacement complet et absolu de l'individu, quant au but. Ils se soumettent tous à l'idée royale, et tandis, par exemple, que chacun de nos généraux combattait non point pour la patrie, mais en quelque sorte pour lui-même, les officiers prussiens résumaient leur devoir dans les trois mots de leur cri de guerre : Dieu, le roi et la patrie.

Je n'admire point cet écrasement de l'être humain, de la personnalité civique devant un seul homme, je constate qu'elle donnait à cette armée allemande une irrésistible puissance, et qu'elle assura sa victoire.

(J. CLARETIE, *La Guerre nationale.*)

Les *turcos* à Wissembourg (4 août 1870).

CHAPITRE IV

LES PREMIÈRES HOSTILITÉS

(SARREBRÜCK, WISSEMBOURG, WOERTH, FORBACH)

Arrivé à Metz, le 28 juillet, l'Empereur fut immédiatement frappé du désarroi et de la confusion qui régnaient dans les préparatifs militaires : ici, les réserves n'avaient pas rejoint ; là, on attendait encore les ambulances et les munitions ; ailleurs, on se plaignait de n'avoir ni sucre, ni riz, ni biscuit, ni argent même. Il eut dès lors comme le pressentiment des dangers qui nous menaçaient, et l'amertume de ses pensées se laissa deviner dans la proclamation qu'il lança ce même jour à l'armée française : « La guerre sera longue et pénible, » disait-il. Mais tandis que la voix de sa conscience semblait lui crier de s'arrêter, l'opinion publique le rappelait à ses projets d'invasion en territoire allemand, et le pressait d'agir en prenant l'offensive.

Donc, le 30 juillet, Napoléon donna l'ordre aux 2e, 3e et 4e corps de se rapprocher de la frontière pour franchir la Sarre, à la hauteur de Sarrebrück. Le maréchal Bazaine devait avoir la direction générale de cette première affaire. Mais le 2 août, le général Frossard fut seul à conduire l'attaque de *Sarrebrück*, opération insignifiante d'ailleurs (cette ville allemande n'était occupée que par un bataillon d'infanterie et trois escadrons de uhlans), que l'Empereur transforma, par une ridicule dépêche, en une rencontre sérieuse et décisive.

LE NORD-EST DE LA FRANCE

Dans le même temps, la division Abel Douay, du corps d'armée de Mac-Mahon, venait occuper Wissembourg, prête à traverser la Lauter. Mais, de leur côté, les Allemands avaient résolu de se porter en avant et d'envahir la France. Le 4 août, l'armée du prince royal de Prusse tombait brusquement sur les 6 500 hommes de la division Abel Douay. Revenus rapidement de leur surprise, nos officiers et nos soldats reçoivent vaillamment le choc de l'ennemi, tant à Wissembourg même qu'aux abords de la gare et sur les hauteurs du Geissberg qui dominent la ville.

En ce dernier point, la lutte fut particulièrement acharnée et meurtrière. Le général Abel Douay y fut tué dès le matin; mais jusqu'au soir, les soldats abrités dans le château s'y battirent désespérément, décimant le régiment des grenadiers du Roi.

Pour triompher de cette simple division, les Allemands avaient dû mettre en ligne 70 000 hommes; ils en perdirent 1 500.

L'affaire de *Wissembourg* n'en était pas moins une défaite, et il devenait évident que l'Empereur avait commis une énorme faute en fractionnant et en disséminant nos forces.

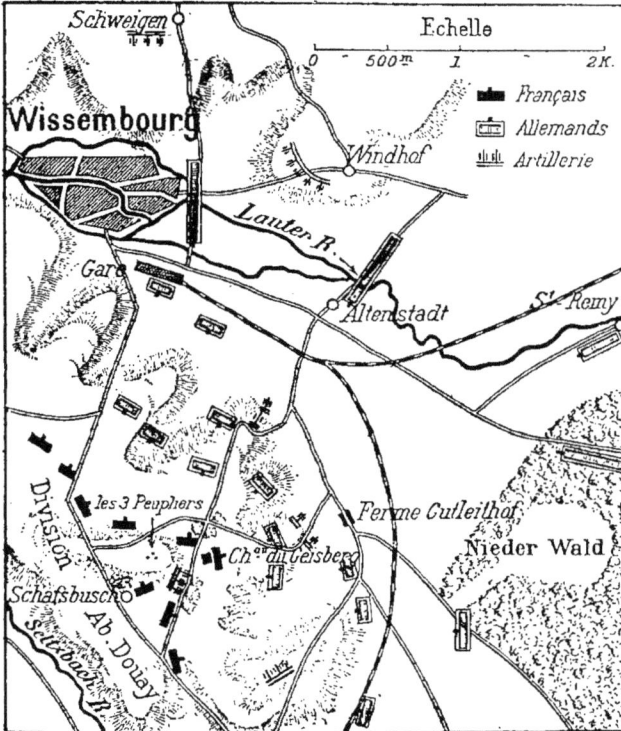

Plan de la bataille de Wissembourg.

Cependant Mac-Mahon, obligé de rétrograder, avait résolu de couvrir les passages nord des Vosges et de sauver l'Alsace. Il avait, en conséquence, pris position sur les hauteurs de la rive droite de la Sauer, le centre au village de Frœschwiller, décidé, avant d'attaquer l'ennemi, d'attendre l'arrivée des 5e et 7e corps, qu'on plaçait tardivement, hélas! sous son commandement.

Il se préparait donc pour le 7 août, lorsque le 6, au matin, une reconnaissance de l'armée du prince royal provoquait l'échange de quelques coups de fusil; bientôt les décharges de l'infanterie devenaient de part et d'autre plus nourries; le canon tonnait à son tour, et, c'est ainsi que contrairement aux intentions des deux généraux en chef, la bataille de *Wœrth* se trouvait engagée.

Les Allemands tentèrent pendant toute la matinée de gagner du terrain, et, après avoir traversé la rivière, de déboucher de Wœrth sur les hauteurs occupées par les Français. Accueillis sur tous les points avec vigueur, ils reculèrent sous le feu de nos chassepots et de nos mitrailleuses, combiné avec d'impétueuses charges à la baïonnette. A midi, tous leurs efforts avaient échoué, et la relation de l'état-major prussien avoue qu'à certain moment « le combat était sans direction. »

Resté maître de ses positions, Mac-Mahon pouvait profiter de ce premier succès pour opérer sa retraite. Mais les Allemands renforcés ne lui en laissèrent pas le temps, et, à deux heures de l'après-midi, sous les yeux du prince royal de Prusse, une seconde bataille commençait où 35 000 Français (divisions Ducrot, Raoult et Lartigue) allaient se trouver aux prises avec plus de 100 000 Allemands. Comme le matin, les Allemands essayent d'enfoncer notre ligne de combat ; à notre gauche et au centre, ils sont impuissants. Mais notre droite commence à être débordée dans la direction de Morsbronn. Pour se dégager, le général Lartigue lance sur les masses ennemies qui l'assaillent la brigade Michel (8e et 9e cuirassiers). Sacrifice inutile ! Après un court arrêt, les Allemands gagnent encore du terrain ; leur centre reprend en même temps l'offensive, et, protégé par une formidable artillerie, aborde Elsasshausen. Le village de Frœschwiller est menacé ; la division de cavalerie Bonnemains se précipite à son tour ; elle est décimée sans résultat. Les turcos ne sont pas plus heureux. Frœschwiller est pris. Il est cinq heures de l'après-midi ; il faut battre en retraite sur Reischoffen.

Les pertes étaient énormes des deux côtés. Les Allemands laissaient sur le terrain plus de 10 000 hommes ; nous avions hors de combat 7 000 à 8 000 hommes, dont le général Raoult, et autant de prisonniers, preuve de l'énergie avec laquelle nos troupes s'étaient battues. Mais si la défaite était glorieuse, les débris de l'armée de Mac-Mahon étaient contraints de fuir en désordre à travers les Vosges.

Ce même jour, à *Forbach,* la frontière de Lorraine était forcée par la défaite du 2e corps. Le général Frossard ayant jugé la position de Sarrebrück trop exposée avait, par prudence, repassé la Sarre et s'était solidement établi sur le plateau de Spickeren, en avant de Forbach. Ce mouvement fit croire au lieutenant de l'armée de Steinmetz, qui en commandait l'avant-garde, que les Français battaient en retraite; et, malgré l'absence d'ordres précis, cette avant-garde fondit brusquement, le 6 août, sur le 2º corps. Les Allemands rencontrèrent une résistance imprévue, et échouèrent complètement dans leurs attaques de front et dans leurs mouvements tournants, et Frossard resta maître du terrain qu'il occupait. Mais, au lieu de prendre l'offensive, il hésita; il laissa le temps au reste de l'armée allemande d'accourir au canon et de revenir à la charge. Cette fois, assailli par des troupes fraîches et numériquement supérieures, débordé sur sa gauche, et voyant, sur le soir, sa ligne de retraite com-

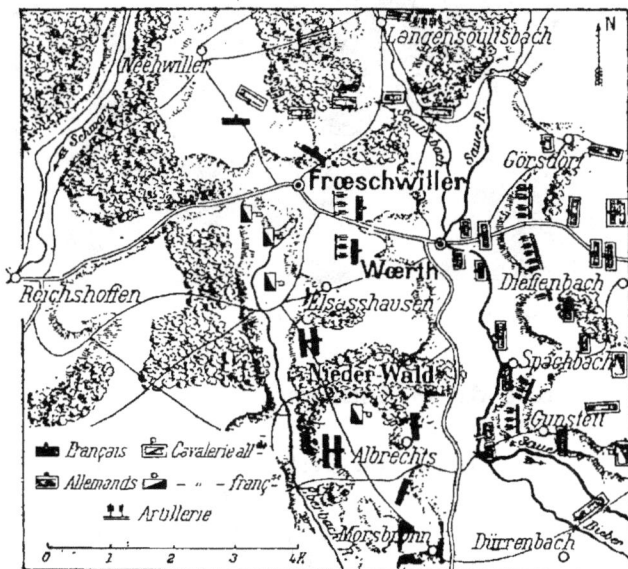

Plan de la bataille de Wœrth.

promise, le général Frossard évacua le plateau de Spickeren et le village de Forbach. Les Allemands, qui auraient dû être culbutés et payer cher leur témérité, remportaient un succès incontestable. Pour changer l'issue de la lutte, il eût suffi d'un peu plus d'audace au général Frossard dès le début de la bataille.

Il eût fallu surtout que Bazaine volât au secours de son lieutenant, et il le pouvait; mais, sans raisons sérieuses, il préféra rester immobile dans son camp de Saint-Avold laissant, par cette coupable inertie, 45 000 Allemands repousser 25 000 Français.

Ainsi, à la même heure, l'Alsace était perdue et la Lorraine envahie.

Charge des cuirassiers à Reischoffen (6 août 1870). [Tableau d'Aimé Morot, *Musée de Versailles*.]

La défense du Geissberg.

Un château couronne la colline du Geissberg. C'est une réunion de gros bâtiments solidement construits, avec cours intérieure et extérieure, le tout entouré d'un mur de quinze pieds de haut. Un potager, à plusieurs rangs de terrasse, est situé à l'avant du château et domine le terrain d'alentour. Les portes sont rares, et les fenêtres, rares également, se trouvent à une hauteur considérable.

Le combat s'engagea d'abord dans une houblonnière, à deux cents pas du château ; nos soldats sont repoussés, mais après avoir fait souffrir l'ennemi et lui avoir tué le major de Winterfeld. Les régiments prussiens veulent courir au château ; une fusillade meurtrière les arrête net, et les voici obligés d'attendre les grenadiers du Roi. Ils apparaissent. Le major de Kaiserberg les lance à l'assaut ; les Français les reçoivent par des décharges successives, et les balles des chassepots les broient à bout pourtant. Le drapeau prussien est renversé, celui qui le porte est tué, les chefs tombent les uns sur les autres. Le major de Kaiserberg essaie de reprendre les tronçons de la hampe brisée : trois balles le renversent foudroyé. Le lieutenant Semon reçoit des mains du major ce fatal étendard ; à peine l'a-t-il élevé en l'air qu'il s'affaisse à son tour mortellement blessé. Presque tous les officiers sont hors de combat, et des bâtiments du château part toujours une grêle de projectiles... Les Prussiens sont décidément repoussés avec des pertes énormes.

Bientôt trois batteries, qui sont accourues se placer à bonne portée, se mettent à battre le château que les Allemands ont vainement tenté d'incendier au moyen de bottes de paille enflammées ; à ce moment, une balle blesse grièvement au cou le général de Kirchbach et l'éloigne de l'action ; il est remplacé par le lieutenant général de Schmidt. Sur ces entrefaites, les masses prussiennes ont délogé nos petits détachements d'une colline au sommet de laquelle se dressent trois grands peupliers, colline qui domine complètement le Geissberg ; cette position est immédiatement occupée par une section d'artillerie, et les intrépides défenseurs du château se trouvent sous les coups de toutes ces batteries qui les environnent et les écrasent de leurs obus. Il est plus de deux heures ; le restant de la division Douay est en pleine retraite ; la résistance n'est plus possible. En face de cette situation, les héros du Geissberg se décident à capituler : deux cents hommes et quelques officiers se constituent prisonniers.

(Duquet, Frœschviller.)

La charge des 8ᵉ et 9ᵉ cuirassiers à Morsbronn.

Le terrain est détestable ; un fossé profond le traverse, bordé de deux rangées d'arbres en partie brisés par les obus, ou coupés au ras du sol et réduits ainsi à l'état de souches dangereuses. Par-ci, par-là, des houblonnières hachées opposent à la marche des escadrons des taillis d'autant plus impénétrables que les perches s'emmêlent dans le feuillage déchiqueté... Rien n'ébranle le courage des héroïques cavaliers ; ils s'élancent au signal du général Michel, qui, l'épée haute, les entraîne sur Morsbronn, au cri de « Vive la France ! ».

Et c'est alors que s'accomplit, à travers une grêle de balles et sous le feu écrasant des batteries de Gunstett, cette charge désormais légendaire.

Nos escadrons, accueillis par la fusillade terrible que dirigent sur eux les bataillons formés en avant de Morsbronn, subissent en un clin d'œil des pertes cruelles.

Ils parviennent néanmoins à passer dans les intervalles de troupes et à aborder le village, long couloir bordé de maisons qu'on a reliées entre elles par des charrettes et terminé par un monticule que protège en avant une barricade construite à la hâte.

Cuirassier.

La colonne une fois engouffrée dans cette rue y est fusillée à bout portant ; les balles qui la frappent en tous sens y creusent des vides énormes.

Elle avance toujours, et ne s'arrête que devant la barricade, où les cavaliers, culbutant les uns sur les autres, viennent s'entasser pêle-mêle en un fouillis sanglant...

Le village de Morsbronn est jonché de morts, de blessés et de chevaux éventrés ; son unique rue est sillonnée d'hommes démontés et errant à la merci de l'ennemi qui les fait immédiatement prisonniers. La désorganisation est complète...

(Cᵗ Rousset,
Histoire générale de la Guerre franco-allemande.)
Librairie illustrée.

CHAPITRE V

LES BATAILLES SOUS METZ

(Borny, Rezonville ou Gravelotte, Saint-Privat)

Tandis que Mac-Mahon ramenait d'Alsace à Châlons les 1er, 5e et 7e corps, sans songer, dans sa précipitation à détruire le tunnel de Saverne, Bazaine, avec les 2e, 3e et 4e corps et la garde impériale prenait la route de Metz. S'arrêterait-on sous les murs de cette forteresse ou bien Metz ne devait-elle être qu'une première étape sur le chemin de Paris? A vrai dire, dès le premier moment, l'Empereur et l'état-major n'en savaient rien, et leur indécision, qui se traduisait

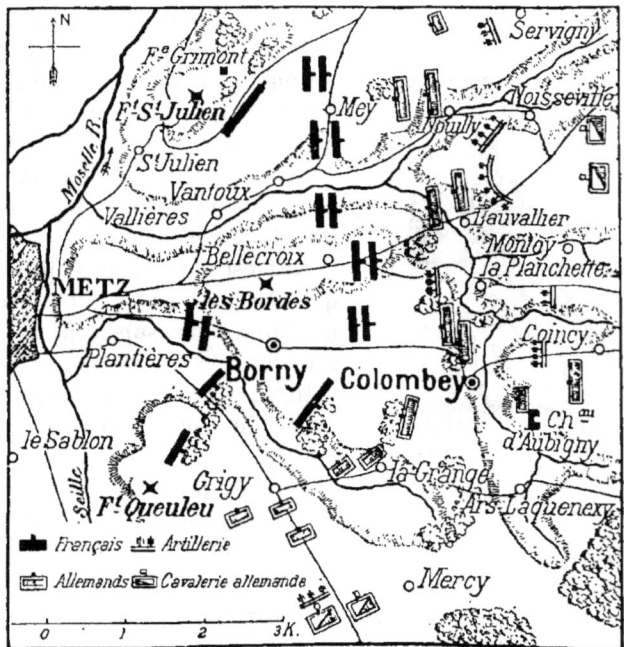

Plan de la bataille de Borny.

par des ordres et des contre-ordres répétés, n'était pas de nature à relever le moral des troupes. Le 6e corps (maréchal Canrobert), par exemple, laissé en réserve au camp de Châlons fut appelé en toute hâte à Metz le 7 août; en route, il reçut l'ordre de revenir au camp; puis de nouveau, on le dirigea sur Metz, où d'ailleurs trois divisions seulement purent arriver.

Bientôt cependant toute irrésolution cessa. Rendu responsable des premières défaites, le ministère Ollivier était renversé le 9 août et remplacé par le ministère du général Cousin-Montauban, comte de Palikao. L'opinion publique, mobile et inquiète, exigeait en même temps des chefs nouveaux : c'est pourquoi le major-général Lebœuf, fut invité à donner sa démission ; l'Empereur lui-même se résigna à abdiquer le commandement en chef, dont fut investi le maréchal Bazaine, en qui l'on voulait voir un sauveur ! Enfin, ordre fut donné de ramener l'armée vers Châlons pour couvrir la capitale.

Malheureusement huit jours s'étaient écoulés à ne faire que des projets ; et pen-

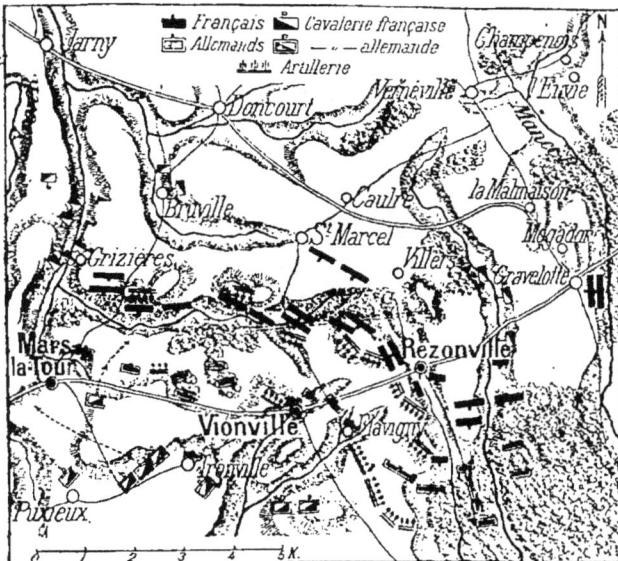

Plan de la bataille de Gravelotte ou de Rezonville.

dant ce temps, les trois armées allemandes réunies et renforcées s'étaient portées en avant et manœuvraient pour nous gagner de vitesse sur la route de Verdun. Bazaine n'avait plus une minute à perdre pour opérer sa retraite.

L'armée française, campée à l'est de Metz, se mit donc en mouvement le 14 août ; déjà une partie des troupes avait passé la Moselle, lorsque dans l'après-midi, celles qui restaient sur la rive droite furent subitement attaquées par des forces considérables, sous les ordres du général Steinmetz. Le 3ᵉ corps du général Decaën, repoussa victorieusement cette attaque, aidé par le général Ladmirault qui s'était empressé de ramener sur la rive droite les deux divisions de son corps d'armée qui avaient déjà passé la rivière. « L'affaire vive et sanglante ne se termina qu'à la nuit. » Le combat de *Borny* était un succès pour nos armes et

Napoléon III pouvait féliciter Bazaine d'*avoir rompu le charme.*

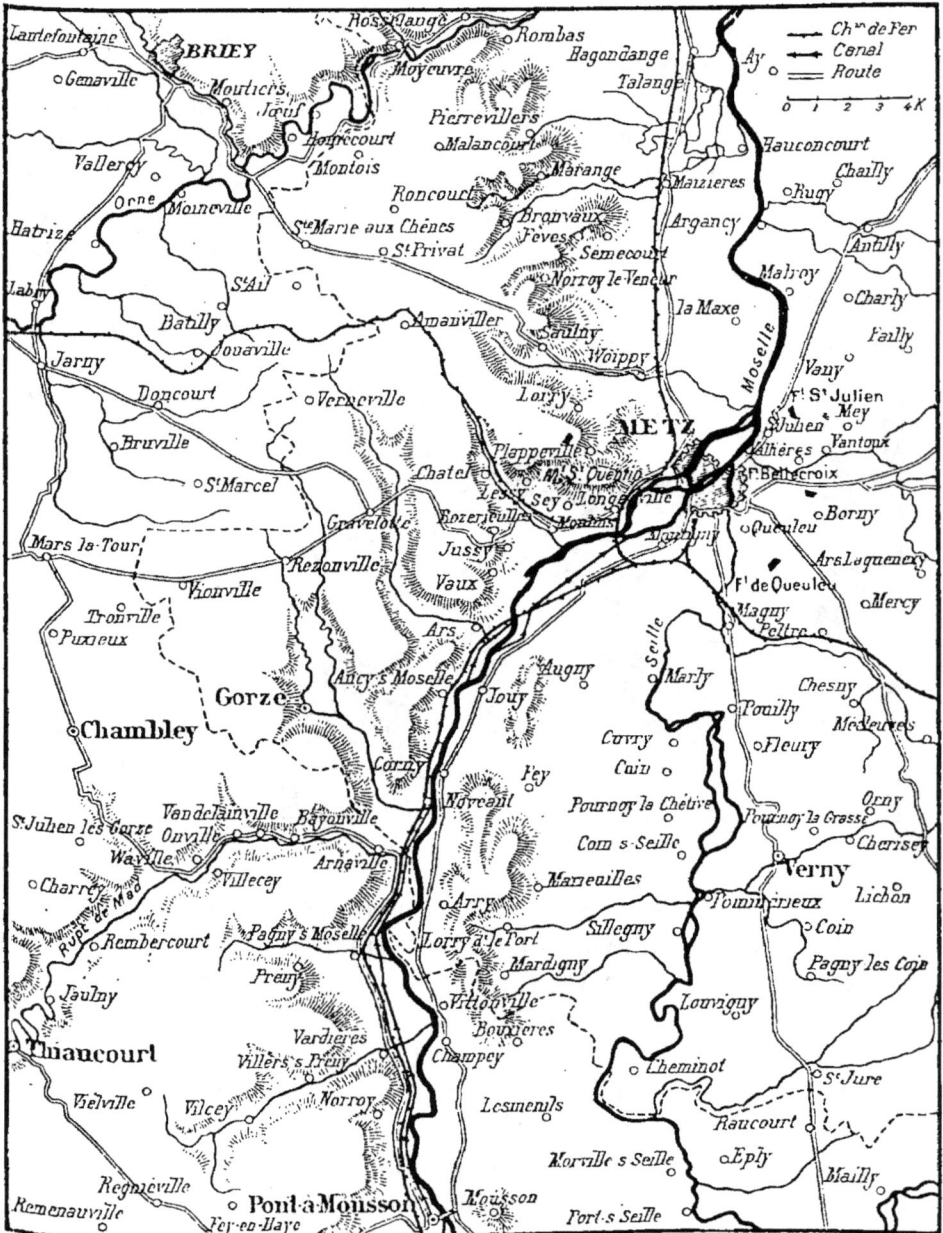

LES ENVIRONS DE METZ

Mais les Prussiens avaient obtenu le résultat qu'ils souhaitaient :
ils avaient suspendu le mouvement de retraite des Français.

Ce mouvement fut repris le 15, toutefois dans un désordre tel qu'il s'ensuivit un nouveau retard ; retard fort inquiétant, car on signalait déjà la présence d'éclaireurs ennemis vers Mars-la-Tour, sur la route de Verdun. Et en effet, le lendemain matin, avant même qu'on se fût décidé à se remettre en route, l'ennemi ouvrait tout à coup le feu sur les divisions de cavalerie qui précédaient nos troupes, jetait la panique dans leurs rangs et les forçait à se replier en désordre. La bataille de *Rezonville* (ou de *Gravelotte* ou de *Mars-la-Tour*) commençait (16 août).

En entendant le canon, le 2e corps s'était rapidement mis en ordre de bataille, et les chassepots de son infanterie n'avaient pas eu de peine à contenir l'élan des Prussiens. Ceux-ci, cependant, à mesure que l'action se développait, réussissaient, par la supériorité de leur artillerie, à gagner un peu de terrain et occupaient Vionville. Le maréchal Canrobert qui appuie à droite son collègue Frossard, essaie de reprendre le village dans un mouvement offensif ;

Le maréchal Bazaine.

mais pour le conserver, une brigade de cavalerie prussienne se fait tailler en pièces ; sur 900 cuirassiers et uhlans, il n'en resta debout que 150 : ce fut *la chevauchée de la mort*.

A ce moment, vers deux heures, débouchaient sur le champ de bataille, le maréchal Lebœuf qui avait remplacé à la tête du 3e corps le général Decaën, tué à Borny, et le général Ladmirault avec le 4e corps. De leur côté les Prussiens avaient aussi reçu des renforts, et dans la direction de Mars-la-Tour, s'engage alors une nouvelle lutte aussi acharnée que la précédente. Le 4e corps, admirable d'énergie, fait plier les colonnes prussiennes ; il progresse, il menace le flanc gauche de l'armée ennemie, lorsque le prince Frédéric-Charles, accouru de Pont-à-Mousson, à franc-étrier, lance une trentaine d'escadrons de cavalerie sur nos troupes. Cette charge est accueillie par onze régiments de cavalerie française et il se produit alors une épouvantable mêlée de 5 000 cavaliers, la plus considérable et la plus sanglante de toute la campagne. Ladmirault avait gardé ses positions, mais la gauche de l'armée allemande était sauvée.

Pendant ce temps, les Prussiens tentaient une nouvelle offensive sur Rezonville, mais le 2e corps, soutenu par les grenadiers de la garde et leur général Bourbaki, repoussait tous les assauts. La

A Rezonville (16 août 1870). [Tableau d'Aimé Morot, *Musée du Luxembourg*.]

fusillade ne prenait fin qu'à dix heures du soir, en pleines ténèbres : 16 000 Français et 16 000 Allemands jonchaient le champ de bataille. Pour la seconde fois, Bazaine, en s'obstinant à rester sur la défensive, et en laissant ses lieutenants s'épuiser en efforts décousus, perdait une magnifique occasion de remporter une victoire éclatante. Décidément, il n'était pas le grand capitaine que les circonstances réclamaient!

Après la bataille de Rezonville, la route de Verdun était définitivement barrée. Mais il existait, plus au nord, une autre route, encore libre, celle de Briey : et tout le monde pensait qu'au jour naissant l'armée française se hâterait d'échapper à l'ennemi dans cette direction. Aussi la stupéfaction fut grande lorsque parvint l'ordre du maréchal Bazaine de se replier à l'abri du camp retranché de Metz, sous le prétexte, absolument faux d'ailleurs, qu'on manquait de vivres et de munitions. L'armée française vint donc s'établir sur les hauteurs d'Amanvilliers, la gauche appuyée à la Moselle, et la droite à Saint-Privat-la-Montagne.

C'est dans ces positions qu'elle fut attaquée le 18 août. Le général Ladmirault au centre, assailli le premier, resta jusqu'au soir inébranlable, sous la violente canonnade des Prussiens, auxquels le feu de nos chassepots causa des pertes cruelles; à gauche, les corps de Frossard et de Lebœuf rendirent inutiles les efforts de Steinmetz, qui prenant notre immobilité persistante pour de l'épuisement, s'obstinait à se jeter sur nos lignes pour les enfoncer et voulait rejeter nos troupes dans la Moselle. Mais, à droite, le corps de Canrobert, débordé, pliait sous le nombre, non sans avoir accompli des prodiges de valeur et presque anéanti la garde royale prussienne qui avait voulu trop tôt enlever de front le village de *Saint-Privat*. Pour sauver le 6ᵉ corps, il eût suffi d'envoyer à son secours la garde impériale qui formait la réserve; mais Bazaine évita de paraître sur le champ de bataille et, une fois de plus, s'abstint de donner des ordres en temps opportun. Aussi la retraite de Canrobert entraîna celle de Ladmirault.

La journée du 18 août se terminait donc par une nouvelle victoire des Allemands, victoire du reste chèrement achetée par la perte de 20 000 hommes sur 180 000 combattants. Le roi Guillaume télégraphiait le soir à la reine Augusta : « Ma garde a trouvé son tombeau devant Saint-Privat! » De leur côté, les Français qui avaient mis en ligne 120 000 hommes en eurent 12 000 hors de combat. Ils avaient du moins héroïquement lutté, ces malheureux soldats, et ils laissaient « à nos cœurs cette suprême consolation, que sous un autre chef nous n'eussions pas été vaincus »!

Ainsi trois batailles, en cinq jours, avaient, par la faute de Bazaine, rejeté l'armée dite du Rhin sous la place de Metz, où elle allait être assiégée; et cette armée était perdue pour la France!

Bazaine à Rezonville.

Vers deux heures, le maréchal et son état-major général se trouvaient encore sur la ligne des tirailleurs, suivant des yeux une charge que, d'après ses ordres, les cuirassiers de la garde exécutaient avec un remarquable entrain, lorsque tout à coup une ligne de cavalerie fut aperçue venant d'écharpe avec toute la vitesse de ses chevaux.

Hussard.

La poussière et la fumée ne permettaient pas de discerner d'abord si cette troupe était française ou allemande.

Tous les yeux étaient fixés du même côté, lorsqu'une voix s'écria : « Ce sont les Prussiens!... »

Au même instant les hussards de Brünswick arrivaient sur nos tirailleurs, et quelques-uns même jusqu'au groupe de l'état-major général, à la tête duquel se trouvait le maréchal. Il en résulta un trouble inévitable et la suite du maréchal fut dispersée. Toutefois l'escadron du 5ᵉ hussards, qui ce jour-là faisait le service d'escorte et avait dû rester un peu en arrière, prit vaillamment la charge à son tour et mit en fuite les hussards de Brünswick.

(Général JARRAS, *Souvenirs*.)
Librairie Plon.

Le cimetière de Saint-Privat (18 août 1870). [D'après le tableau d'Alph. de Neuville.]

Le maréchal Canrobert à Saint-Privat.

A Saint-Privat, se trouvaient des hommes qui combattaient depuis huit heures, sous la plus épouvantable avalanche de projectiles qui soit tombée sur aucun champ de bataille. Leurs rangs, où s'étaient creusés des vides cruels, n'avaient plus aucun abri qui ne fût transformé en un amas de décombres... Des centaines d'hommes, mis hors de combat, s'empilaient dans les granges, transformées en ambulances, qui s'écroulaient sur eux. Le spectacle était terrifiant, la lutte sans espérance, le dévouement sans autre mobile que l'honneur...

Seul, à pied, ses longs cheveux tombant sur le col, et des larmes sillonnant parfois son rude visage, le maréchal Canrobert parcourait les lignes clairsemées de ses soldats et encourageait leur résistance par un mot, par une poignée de mains, par un geste d'affectueuse protection. Il était vraiment admirable, cet homme chargé

Le maréchal Canrobert.

d'honneurs, d'illustration et de gloire, ce soldat investi de la plus haute dignité militaire, devenu simple combattant pour donner du cœur à tous et risquant mille fois son existence pour communiquer aux autres sa mâle énergie et son opiniâtreté superbe! Certes, la défense de Saint-Privat est un fait admirable entre tous, une page sublime parmi toutes les pages de l'histoire étincelante de ce pays. Le maréchal Canrobert en fut l'âme irrésistible, et cela seul, à défaut de tant de glorieux souvenirs, justifierait l'auréole qui s'attache à sa noble mémoire.

(C^t ROUSSET, *Histoire de la Guerre de 1870*.)

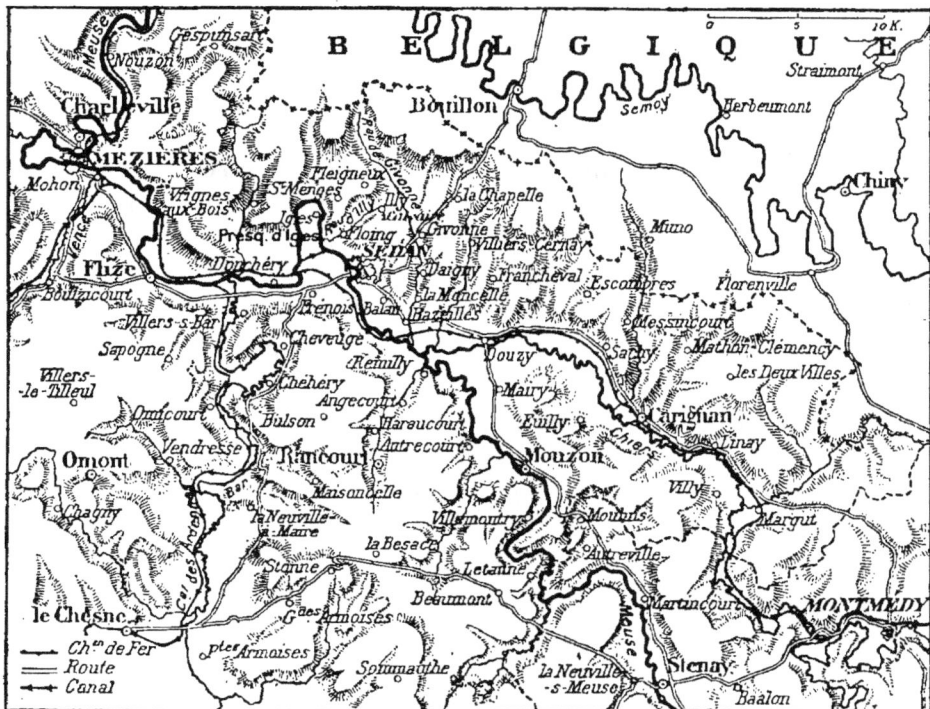

Sedan et ses environs.

CHAPITRE VI

DE METZ A SEDAN : L'ARMÉE DE CHALONS

A l'invasion prussienne victorieuse, le gouvernement n'avait plus à opposer que l'armée réorganisée au camp de Châlons sous le commandement de Mac-Mahon, c'est-à-dire 120 000 hommes, répartis entre le 1er corps (Ducrot), le 5e (de Failly), le 7e (Félix Douay) et le 12e (Lebrun).

On songea d'abord à ramener ces forces sous les murs de Paris, où l'Empereur rentrerait, appuyé sur la popularité du général Trochu qu'on investissait du titre de gouverneur de la capitale. C'était assurément le parti le plus sage au point de vue militaire. Mais à peine l'Impératrice régente eût-elle connaissance de ce plan, qu'elle s'y montra résolument hostile : elle redoutait des troubles dans Paris et la sécurité du trône la préoccupait avant tout. D'autre part, le général Cousin-Montauban objectait que l'on ne pouvait s'éloigner ainsi de l'armée de Metz, et il destinait l'armée de Châlons à « une puissante diversion sur les corps prussiens, déjà épuisés par plusieurs combats ! »

Or Mac-Mahon jugeait une telle entreprise fort périlleuse; s'attachant alors au plan de retraite sur Paris, il prit sur lui de gagner Reims le 21 août. Mais dans la matinée du 22, il reçut une dépêche de Bazaine, datée du 19, c'est-à-dire du lendemain de la bataille de Saint-Privat, et qui contenait ces mots : « Je compte toujours prendre la direction du nord et me rabattre ensuite par Montmédy sur la route de Sainte-Menehould à Châlons..... » Mac-Mahon dès lors n'hésite plus à répondre à l'appel de son compagnon d'armes et il annonce à l'Impératrice et au ministre de la Guerre qu'il va se mettre en route le 23 pour rejoindre Bazaine.

La marche sur Metz, pour réussir, devait se faire d'abord dans le plus grand secret, ensuite et surtout avec promptitude. Mais le 25 au soir, les Prussiens étaient informés par des correspondances venues de Belgique ou d'Angleterre, et dues à l'indiscrétion de journaux français, que l'armée de Châlons se dirigeait sur la Meuse. En outre, le mouvement

Frédéric-Guillaume,
prince royal de Prusse.

des troupes s'opéra avec une extrême lenteur, tant à cause des difficultés de se procurer des approvisionnements que — il faut le dire — « du malaise de l'armée, dont l'état moral commençait à se ressentir de toute cette indécision ».

Les Allemands mirent immédiatement à profit notre lenteur et les renseignements qui leur parvenaient. Le blocus de Metz assuré, l'état-major prussien avait dirigé sur Paris deux armées, l'une de création nouvelle, sous le prince de Saxe, l'autre celle du prince royal de Prusse; la première devait gagner Verdun, et par Sainte-Menehould marcher sur Châlons; la seconde avait pour objectif Vitry et la vallée de la Marne. Cette marche de front sur une ligne aussi étendue fut modifiée dès qu'on apprit au quartier général prussien les évolutions de l'armée de Mac-Mahon. Le prince de Saxe reçut l'ordre de se retirer sur la rive droite de la Meuse pour en garder les passages, tandis que le prince royal, pivotant sur son aile droite, remonta vers le nord pour nous couper la retraite.

Mac-Mahon ne fut pas longtemps sans connaître le danger qu'il courait et le 27, se trouvant sans nouvelles de Bazaine, il télégraphia à Paris qu'il allait se rapprocher de Mézières. Mais une

fois de plus les préoccupations politiques l'emportèrent sur les considérations militaires, et le général Cousin-Montauban, en déclarant à Mac-Mahon que l'abandon de Bazaine provoquerait une révolution dans Paris, lui assurait que son armée avait au moins trente-six heures d'avance sur celle du prince royal et qu'il lui était encore possible de tomber sur l'armée du prince de Saxe isolée et de s'ouvrir la route de Metz.

Rien n'était plus faux que ces renseignements. Mac-Mahon cependant, de nouveau pressé de porter secours à Bazaine, obéit, la mort dans l'âme, aux ordres qui lui venaient de Paris, et la retraite sur Mézières fut aussitôt suspendue. Mais ce brusque changement de direction qui frappa de stupeur les officiers et acheva de démoraliser les troupes, ne se fit pas sans quelque désordre; le passage de la Meuse se trouva retardé pour deux des corps de notre armée le 5ᵉ et le 7ᵉ, que harcelaient déjà les avant-gardes du prince royal; si bien que le 29 août au soir, ces deux corps étaient encore sur la rive droite de la Meuse, tandis que le 12ᵉ et le 1ᵉʳ avaient traversé le fleuve à Mouzon.

Chasseurs à pied,
d'après Alph. de Neuville.

Ces mouvements précipités et désordonnés nous préparaient un échec pour le lendemain. Le corps de Failly arrivé à Beaumont le 29, assez avant dans la nuit « dans un état de fatigue physique et de dépression morale qui dépasse toute imagination », n'avait pas songé à prendre la moindre précaution pour se garder. Or l'ennemi était dans les bois voisins, dissimulant son approche que les habitants signalaient pourtant au général en chef. Malgré cela, le 30 au matin, la sécurité était encore complète; « on était au camp comme en pleine paix, les hommes à la corvée ou à la maraude, l'artillerie dételée, à l'aventure, les chevaux à l'abreuvoir; les officiers étaient répandus dans Beaumont et le général de Failly était lui-même à dîner chez le maire ». (De Mazade.)

Tout à coup, à midi, la canonnade éclate : ce sont les Prussiens qui débouchent des bois épais, dominant au sud la cuvette de *Beaumont*. Au premier moment, la confusion est extrême : cependant notre infanterie s'organise et riposte vaillamment, protégée par l'artillerie qui s'est installée sur les collines au nord de la ville. Les tentes, les bagages, les vivres, les munitions n'en

Combat de Beaumont (30 août 1870).

tombent pas moins aux mains de l'ennemi dont les bataillons augmentent d'heure en heure. La lutte est trop inégale : il faut continuer à se replier et l'intervention d'une partie des troupes de Lebrun ne sert qu'à couvrir la retraite du 5e corps terriblement endommagé; à la nuit, de Failly passait la Meuse. Pendant ce temps, le général Félix Douay avait bien de la peine à dégager ses colonnes du contact de l'ennemi et à les diriger sur Sedan, qui devenait le 31 août, le point de ralliement de toute l'armée de Mac-Mahon.

L'armée de Mac-Mahon.

... Nous arrivons au Chesne. Le village est rempli de troupes comme l'était Attigny l'autre jour. C'est le même aspect; mais le désordre est plus grand, les habitants se plaignent très haut des exigences des soldats : tout ce que nous entendons est triste. Nous ne savons ce qu'il y a de vrai dans tous ces propos découragés. L'armée n'a pas assez de discipline ; les hommes de vingt-cinq à trente-cinq ans n'en font qu'à leur tête; ils trouvent injuste la loi qui les a rappelés après sept ans de service; la vie civile leur a donné des habitudes d'indépendance et de confortable, ils ne connaissent ni leurs chefs ni leurs camarades : cette cohésion si nécessaire du bataillon et de la compagnie est perdue pour toute une partie de l'armée. De plus, ces hommes doivent se servir de fusils nouveaux dont le maniement leur est inconnu. Ceux qui viennent de Reischoffen et qui battent en retraite depuis trente jours

Le maréchal Mac-Mahon.

commencent à se décourager : le Français veut aller en avant; sinon, il doute de ses chefs, il ne comprend rien à ce mois de fatigues durant lequel il n'a pas vu un ennemi. On se plaint de l'intendance, qui, dit-on, ne fournit pas les vivres nécessaires; les bruits les plus exagérés s'accréditent au milieu de cette foule. On commence à dire : « Nous serons trahis. »...

(ALBERT DUMONT, *Revue des Deux Mondes*.)

Napoléon III traverse Sedan pour aller se constituer prisonnier (2 septembre 1870).

CHAPITRE VII

SEDAN

Au nord de Sedan, sur la rive droite de la Meuse, s'étendent des collines boisées, au milieu desquelles les ruisseaux de Givonne et d'Illy dessinent une sorte de triangle dont le sommet est occupé par le calvaire d'Illy. C'est là que se concentra l'armée française, le 12ᵉ corps à Bazeilles, le 1ᵉʳ corps sur les hauteurs de Givonne, ayant à sa gauche le 7ᵒ corps, et comme réserve le 5ᵉ corps, dont le commandement venait de passer au général de Wimpffen, arrivé la veille d'Afrique.

Le choix de cette position n'était pas des plus heureux ; car trop resserrée et dominée par des hauteurs que l'ennemi s'empressa d'occuper, elle allait devenir un véritable nid à obus. Les Prussiens en effet, voyant la détresse de notre armée, avaient résolu de l'envelopper et de lui fermer toutes les issues ; dès le 31 août, avec une audace que justifiaient des succès répétés, ils avaient tenté d'enlever *Bazeilles*, et s'ils étaient repoussés avec vigueur par les troupes de l'infanterie de marine, ils restaient maîtres du pont de la Meuse. Ce même jour, un autre pont, celui de Donchery tombait entre les mains de l'ennemi qui allait s'en servir pour nous couper la retraite sur Mézières.

Le lendemain 1ᵉʳ septembre, il n'était plus temps de songer à occuper des positions meilleures ; car, vers quatre heures et demie du matin, à la faveur du brouillard, la fusillade éclatait du côté de Bazeilles, préludant à la grande bataille de *Sedan*, où 100,000 Français allaient être aux prises avec 250,000 Allemands. Ce sont les Bavarois qui essaient de s'emparer de nouveau du village. Énergiquement accueillis par l'infanterie de marine, aidée de quelques courageux habitants, ils s'épuisent en vains efforts et se vengent de leur impuissance par le massacre et l'incendie ; les Saxons qui appuient cette attaque vers la Moncelle ne sont pas plus heureux ; si bien que Ducrot a pu, de son côté, prendre l'offensive, au delà de la Givonne.

Il est six heures du matin, le début de l'action est très rassurant, lorsque Mac-Mahon est blessé et obligé de remettre le commandement à Ducrot. Celui-ci, qui devinait les plans de l'ennemi, prêt à recommencer « son éternel mouvement de capricorne », voulut arracher l'armée au danger qui la menaçait, en lui assurant sans tarder sa ligne de retraite vers Mézières. Il prescrivit donc au général Lebrun de se replier et de gagner à la hâte le plateau d'Illy pour s'ouvrir le passage vers Floing et Saint-Menges.

C'est à ce moment que le général Wimpffen, en possession d'une lettre de service qui lui conférait la succession éventuelle de Mac-Mahon, réclama le commandement en chef. Wimpffen fit aussitôt suspendre le mouvement de retraite et s'efforça de percer vers Montmédy. Mais les Prussiens avaient reçu des renforts, et malgré de nouveaux prodiges d'héroïsme, nos troupes perdirent du terrain sur tous les points où elles étaient engagées, à Bazeilles, tout en flammes, à Daigny, et dans le fond de Givonne.

Ces changements dans le commandement avaient un autre résultat plus dangereux et plus décisif : ils faisaient réussir la manœuvre des Allemands, qui débouchant par Donchery sur nos derrières, nous barraient la route de Mézières. Seule la route du nord, celle de la Belgique, est encore libre ; mais il n'y a pas une minute à perdre pour la conserver ; il faut à tout prix rester maître du calvaire, clef de la position.

Or, de ce côté, l'artillerie allemande — plus de 500 bouches à feu — criblait le plateau de projectiles. Ce n'est pas à la pluie, a écrit un capitaine présent, qu'il faut comparer les projectiles qui tombaient sur nous, mais bien à l'eau lancée par un arrosoir. Nos batteries à peine en position étaient démontées ; les affûts étaient brisés et les caissons sautaient; notre infanterie, insuffisamment protégée, renonçait à tenir sur ces hauteurs.

En même temps, les troupes du général Douay fléchissaient vers Floing. Pour arrêter l'ennemi, la division de cavalerie Margueritte se prépare à charger ; en reconnaissant le terrain, le brave Margueritte est blessé à mort ; le général de Gallifet le remplace et par trois fois ces vaillants escadrons se précipitent sur les masses prussiennes ; ils ne réussissent qu'à briser la première ligne. Leur mépris de la mort a du moins arraché ce cri significatif au roi Guillaume, qui des hauteurs de Frénois contemplait ce sanglant spectacle : « Oh ! les braves gens ! »

La marche victorieuse d'un adversaire qui grossit sans cesse ne peut plus être retardée. Aussi dès deux heures de l'après-midi, nos malheureux soldats, éperdus, n'ont plus tous qu'une même idée, fuir vers Sedan, vers cet entonnoir — irrésistible aimant — où ils croient trouver le salut et où les attend une honteuse capitulation.

L'Empereur, en effet, devant ce lamentable spectacle de troupes débandées, hébétées, qui s'entassaient à l'abri insuffisant des remparts, voulant arrêter l'effusion du sang, avait fait hisser le drapeau parlementaire. Il est vrai qu'à peine arboré le drapeau blanc était amené ; car le général en chef seul avait qualité pour prendre une pareille mesure. Or Wimpffen, à ce moment, espérait encore contre toute espérance ; il songeait à tenter un suprême effort, pour briser le cercle — désormais complet et solide — des ennemis. Aidé du général Lebrun, à la tête de deux milliers d'hommes, il veut reprendre Bazeilles ; mais décimée par les projectiles qui pleuvent de tous côtés, cette héroïque phalange est aussitôt arrêtée et dispersée. Dans la ville même, les obus tombaient nombreux, continuant à semer la mort dans nos rangs.

Il n'y avait plus qu'à capituler. Le drapeau blanc flotta de nouveau sur les remparts, et Wimpffen dut accepter la douloureuse mission de se rendre auprès de Moltke et de Bismarck pour traiter de la reddition. Il trouva le chef d'état-major et le ministre décidés à profiter entièrement de leur victoire ; et ne pouvant compter sur leur générosité, il s'inclina devant la force triomphante. L'armée française tout entière était prisonnière de guerre ; après dix jours d'horribles souffrances dans la presqu'île d'Iges — véritable camp de la misère — elle fut dirigée sur l'Allemagne. Quant à Napoléon III, il remit son épée sans conditions au roi Guillaume qui lui donna pour résidence le château de Wilhelmshoëhe [1]

1. Près de Cassel, sur la rive gauche du Weser.

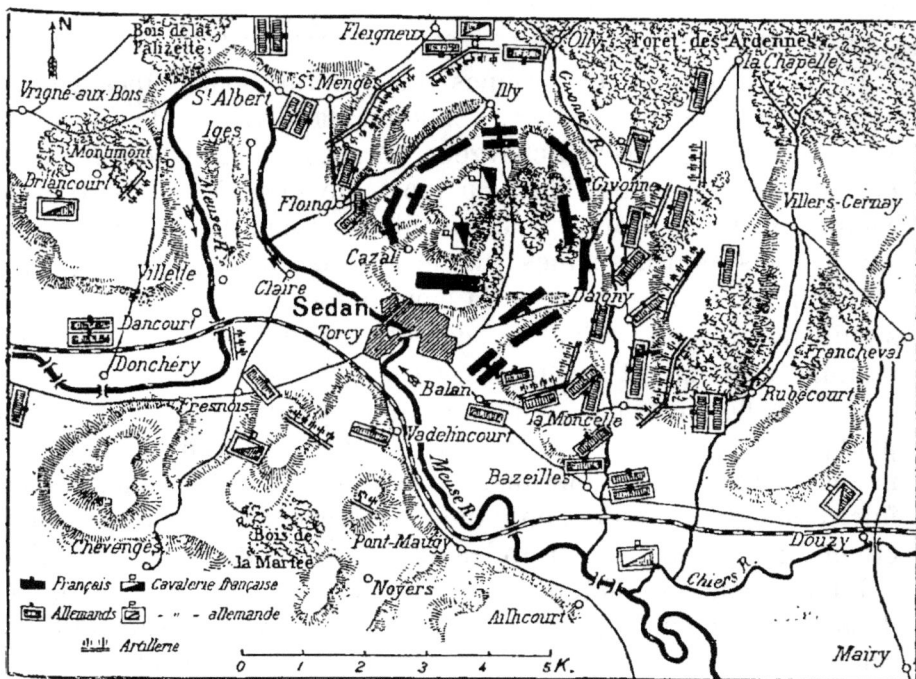

Plan de la bataille de Sedan.

Telle fut cette bataille de Sedan dont le nom provoquera toujours un serrement de cœur. Notre armée s'y était montrée, comme à l'ordinaire, digne de la France; il n'y eut de honte, dans cette journée, que pour le gouvernement impérial dont l'impéritie avait rendu possible cette catastrophe inouïe.

Atrocités des Bavarois à Bazeilles.

Pour se venger des pertes colossales que l'héroïque défense de l'infanterie de marine à Bazeilles leur avait fait éprouver, les Bavarois fusillèrent, le lendemain de la bataille, en une seule fois, douze habitants de la ville de Bazeilles et une femme; à midi, ils fusillèrent un autre groupe, dans lequel on comptait six femmes; au coin d'une rue, l'on put voir toute la journée, jusqu'au lendemain, un groupe de cinq cadavres de femmes, liées les unes aux autres par les mains; le ruisseau avait débordé, leur sang coagulé interrompait le courant.

Un coup de fusil, parti d'une maison, avait tué un officier bavarois. Pour se venger, les Prussiens se saisissent d'un habitant notable de la ville, M. Henri, propriétaire de l'hôtel du Lion d'or. On le roue de coups, on le piétine, puis ou l'attache à l'étrier d'un uhlan qui prend le trot et force ce malheureux à courir pendant deux kilomètres. On le détache alors et il sert aux féroces amusements d'un détachement saxon. Il est frappé à coups de poing et de crosses de fusil, puis ramené à Bazeilles. Là, on attache à ses côtés deux autres notables, MM. Collet et Charlot, et on les fait conduire à Douzy. Mme Charlot veut suivre son mari et, comme elle proteste avec indignation contre une pareille ignominie, un soldat bavarois l'ajuste avec son fusil, tire et lui casse le bras. Les trois otages sont assommés à coups de plat de sabre et jetés dans un hangar ; le maire et le curé les y avaient précédés ; pour passer le temps, les soldats les mettent fréquemment en joue et font mine de lâcher la détente de leur fusil. On vient les chercher ; on attelle M. Henri à une charrette chargée d'effets militaires, de sacs ; un turco blessé est juché tout en haut et l'on met MM. Charlot et Collet par derrière pour pousser. Tout cela étant disposé, on se met en route, et les Prussiens distribuent des centaines de coups de plat de sabre à ces malheureux otages. Le pauvre turco blessé n'est pas épargné et ces sauvages s'amusent à le faire rouler en bas de la voiture. A Mouzon, on les attache à des roues de voitures et l'on donne à leurs corps la position oblique : les Chinois ne sont pas plus raffinés dans les tortures qu'ils infligent à leurs prisonniers. M. Henri passe devant un conseil de guerre ; comme il n'y avait aucune preuve qu'il eût tué l'officier allemand, il est acquitté ; mais avant de le rendre à la liberté, on l'enferme dans l'église avec ses deux compagnons de chaîne, sans leur donner de nourriture. Le lendemain, on vient les prendre et on les achemine sur une autre route ; les malheureux ne peuvent plus croire à la fin de leurs tortures, lorsque, arrivés à Dun-sur-Meuse, on les met en liberté tous les trois. Mais quel véritable chemin de croix ils avaient fait !

Rentrant à Bazeilles, ils trouvèrent leurs maisons incendiées, et des cadavres d'hommes et de femmes fusillés se trouvaient encore au pied des murs contre lesquels on les avait conduits. Dix-sept maisons seulement avaient été incendiées pendant la bataille : les Bavarois employèrent trois jours entiers à mettre le feu à plus de trois cent soixante maisons que les obus avaient épargnées. M. Bellonet, maire de Bazeilles, dressa l'état des citoyens fusillés ou massacrés par l'ennemi : ils étaient presque une centaine ! On remarque parmi eux un homme de quatre-vingt-six ans, M. Domelier, dont le cadavre fut jeté dans une maison en feu ; la femme Déhaye et ses deux enfants, qui furent jetés dans un puits ; la veuve Leguay, âgée de soixante-seize ans !...

Ah ! on se souviendra longtemps, à Bazeilles, du passage des Bavarois ! Nous avons parlé des morts, mais il y eut des centaines d'habitants qui furent blessés, roués de coups, menacés, à deux doigts de la mort, et qui n'oublieront jamais de pareilles horreurs. La France non plus ne doit pas les oublier !...

(J. Turquan, Les Héros de la défaite.)
Librairie Berger-Levrault.

La dernière cartouche.

Au nord de Bazeilles, dans une maison isolée qui touche au faubourg de Balan et qui s'appelle la maison Bourgerie, une poignée d'hommes s'était barricadée et, prolongeant la résistance avec une incroyable audace, tenait en échec pour ainsi dire un corps d'armée tout entier. Le 15e régiment bavarois cernait la maison, fusillait les fenêtres, mais n'osait cependant tenter un assaut. Les défenseurs, dirigés par trois officiers d'infanterie de marine, le commandant Lambert, les capitaines Artus et Aubert, avaient transformé les ouvertures de la maison en meurtrières, par lesquelles ils décimaient les assaillants. Vainement ceux-ci amènent-ils renfort sur renfort ; vainement leurs projectiles réduisent-ils en miettes les matelas dont sont barricadées les fenêtres, labourent-ils les boiseries et les portes ! Des deux chambres du premier étage, où se

La dernière cartouche (1er septembre 1870). [D'après le tableau d'Alph. de Neuville.]

tiennent ces intrépides soldats, part un feu de mousqueterie continu, dont les résultats sont sanglants pour l'ennemi. Bientôt, cependant, la petite troupe diminue, les blessés gisent pêle-mêle avec les morts sur le lit, sur le sol taché de larges plaques rouges... Les chambres sont remplies d'une fumée âcre et épaisse qui asphyxie, les plafonds se trouent et les murs s'éventrent, jetant partout des débris qui sont autant de projectiles...

Le général bavarois, impatienté de cette résistance prolongée, la fait maintenant réduire par le canon. Mais voici, pour comble d'infortune, que les munitions s'épuisent ; on vide les cartouchières des blessés et des morts... Encore trois coups à tirer... encore deux... encore un ! Celui-là, c'est le capitaine Aubert qui le tire lui-même, tandis que le commandant Lambert, sa cuisse blessée, enveloppée d'un mouchoir, regarde, appuyé sur l'entablement du bahut placé près de la fenêtre, et que les soldats, les poings crispés et la figure contractée, attendent, la rage au cœur de leur impuissance, que la mort vienne les chercher !

Enfin le terme de cette lutte héroïque est arrivé. Le commandant Lambert descend, fait ouvrir la porte, et, s'offrant en holocauste à l'exaspération des Bavarois, présente sa poitrine. Une vingtaine d'hommes l'entourent, en poussant des cris de haine et de fureur. Les baïonnettes le menacent de toutes parts. Il va être massacré, quand un capitaine bavarois se précipite entre lui et ses soldats, le couvre de son corps et lui sauve la vie...

Le nom de cet ennemi généreux ne doit pas être passé sous silence. Il s'appelait Lessignold. Quant aux survivants de la défaite, ils étaient quarante à peine, presque tous blessés. On les fit prisonniers. Le soir, on conduisit les trois officiers au prince royal de Prusse. « Messieurs, leur dit-il, je n'admets pas qu'on désarme d'aussi braves soldats que vous. Gardez vos épées ! »

(C^t ROUSSET, *Histoire de la guerre de 1870*.)

Prisonniers français dans la presqu'île d'Iges (septembre 1870).

Traitement des prisonniers français de Sedan.

Dans un étroit espace, 80 000 hommes sont entassés comme du bétail... Depuis qu'ils se sont rendus, ces infortunés n'ont pas reçu une once de viande, et ils n'ont eu pour vivre qu'un dur biscuit pour deux jours. Parmi les officiers prisonniers, j'avais quelques connaissances et deux ou trois amis. Ils m'assurèrent, et leur air affamé confirmait leurs paroles, que littéralement et non au figuré ils mouraient de faim. L'un d'eux, gentleman de noble naissance et d'un courage reconnu, me demanda si je pouvais lui procurer un peu de nourriture. Je courus à ma voiture, j'en rapportai un pain, quelques tranches de viande froide, avec la moitié d'une volaille. Mon ami, qui, quelques mois auparavant, n'avait pas daigné dîner dans un restaurant de second ordre, dévora ce que je lui offrais, comme un loup affamé, toutefois après avoir partagé avec son ordonnance... Quant aux hommes, ils étaient, si faire se peut, dans un état plus pitoyable encore que les officiers. Ils avaient été laissés pendant quatre jours dans un champ, exposés à la pluie. Ils ne pouvaient changer de vêtements. Ils étaient mouillés comme s'ils avaient été plongés dans l'eau, Un grand nombre grelottaient de fièvre, d'autres souffraient de toutes sortes de maladies. Des centaines d'entre eux pouvaient à peine se tenir debout, tant ils étaient raidis par les rhumatismes; mais pas un médecin n'avait été appelé auprès d'eux... La plupart des malades étaient misérablement abandonnés. C'était un spectacle lamentable...

Aujourd'hui, je vis quelques milliers de prisonniers français mis en route pour la Prusse. Les soldats ouvraient la marche, les officiers venaient ensuite... On les faisait marcher par sections comme à la parade, et même quand les officiers restaient un instant en arrière, ils étaient battus à coups de crosse et poussés aux cris de : « En avant! en avant! » Affaiblis, malades, se tenant à peine, souffrant de fièvre, de dysenterie, mouillés jusqu'aux os, perclus de rhumatismes, ces hommes, officiers et soldats, étaient poussés le long de la route pendant 10 milles à un pas rapide...

Je le jure devant Dieu, je ne vis jamais rien de plus inhumain que le traitement des prisonniers français de Sedan.

(Lettre du correspondant du *Daily Telegraph*, citée par J. Claretie,
Guerre nationale.)

Nombre de drapeaux français purent être lacérés et brûlés par la garnison de Metz (octobre 1870).

CHAPITRE VIII

LE BLOCUS DE METZ

Quoique définitivement rivée à la place de Metz par la bataille de Saint-Privat, l'armée du Rhin ne se considérait pas encore comme vaincue et réduite à l'impuissance. Elle comptait qu'après un repos de deux ou trois jours, son chef, le maréchal Bazaine, la mènerait à de nouveaux combats, ne fût-ce que pour contrarier l'investissement commencé par les Prussiens dès le 19 août. A vrai dire, Bazaine n'avait formé aucun plan d'opérations ; mais en présence de l'ardeur et de la confiance que manifestaient ses troupes, il devait déclarer que la campagne allait être reprise ; et le télégraphe apprenait à l'Empereur que l'armée du Rhin se préparait à marcher vers le nord pour se rabattre sur Châlons.

Ayant alors reçu, le 25 août, une dépêche de Mac-Mahon annonçant son mouvement sur Montmédy, Bazaine prévenait ses lieutenants de se tenir prêts pour le lendemain dès l'aube. Le 26, en effet, les différents corps prenaient leur position de combat, mais la matinée s'écoulait sans que l'action s'engageât. Bazaine voulait et ne voulait pas ; il était de ces hommes qui ne savent

pas prendre une résolution et qui aiment à se décharger sur
autrui des responsabilités du commandement. Aussi, au lieu
d'agir, le vit-on réunir un conseil de guerre et prier les chefs de
corps de lui donner leur avis. Ceux-ci se déclarèrent pour l'offensive ; mais le commandant supérieur de l'artillerie, le général
Soleille, affirma témérairement qu'il n'y avait plus de munitions
que pour une seule bataille, et le directeur du génie, gouverneur
de Metz, le général Coffinières de Nordeck, ajouta que s'éloigner
de la place, c'était, vu l'inachèvement des forts, en hâter la chute.
Ces arguments exagérés ébranlèrent les autres généraux qui,
ignorant la dépêche de Mac-Mahon, opinèrent pour l'ajournement.
Là-dessus, un violent orage ayant fortement détrempé le terrain,
on prétexta le mauvais temps pour ne pas attaquer l'ennemi.

Cependant le 30 août, Bazaine recevait une nouvelle dépêche
de Mac-Mahon confirmant la marche sur Montmédy. Toute hésitation était impossible ; on fixa donc au lendemain 31, la répétition
de la prise d'armes du 26 : il s'agissait toujours de percer vers
Thionville. Avec de la rapidité dans les mouvements et de l'audace
dans l'exécution, cette trouée pouvait réussir. Mais Bazaine, toujours irrésolu, oubliait qu'il s'était chargé de donner lui-même le
signal de l'attaque et ne faisait tirer qu'à quatre heures du soir
le premier coup de canon. Aussitôt nos troupes s'ébranlaient,
faisant tout plier devant elles, et enlevaient aux Allemands les
hauteurs de *Noisseville* et des environs. La nuit arrêtait trop tôt
l'admirable élan de nos fantassins. Les Allemands, furieux d'avoir
reculé, revenaient à la charge au milieu des ténèbres et recon-
quéraient une partie du terrain perdu ; ils appelaient de nombreux renforts qui, au matin, menaçaient nos positions et obli-
geaient, après quelques heures de résistance, l'armée de Metz
découragée à battre en retraite. Par ses lenteurs calculées et son
manque d'énergie, Bazaine venait de laisser échapper une occasion sérieuse de briser la ligne d'investissement (31 août, 1er septembre).

Désormais, pendant tout le mois de septembre, on allait se
borner à faire la petite guerre, à tenir les troupes en haleine,
sous la forme de *fourrages*, exécutés dans les villages voisins, et
qui d'ailleurs ne procurèrent que fort peu d'approvisionnements.
Aussi dut-on déjà réduire les rations des hommes, tandis que la
perte de trop nombreux chevaux désorganisait le service de la
cavalerie et de l'artillerie. Chaque jour écoulé diminuait les

chances qu'avait notre armée de sortir de Metz par une attaque vigoureuse.

Bazaine ne semblait pas se rendre compte de cette redoutable éventualité. Depuis que la nouvelle de la révolution du 4 septembre et de la chute du gouvernement impérial lui était parvenue, il oubliait son devoir strict de soldat, pour laisser son esprit s'égarer dans des rêves politiques où son ambition personnelle eût trouvé satisfaction. Il voyait la France incapable de résister plus longtemps, la paix faite à brève échéance, et son armée intacte, maîtresse ce jour-là de la situation, rétablissant le pouvoir impérial. La dynastie de Napoléon III passait avant la France dans ses préoccupations égoïstes; c'était le commencement de la trahison.

Pour jouer un pareil rôle, il fallait d'abord être au courant des événements du dehors. Bazaine n'hésita pas à demander les renseignements dont il avait besoin, au prince Frédéric-Charles lui-

Chasseur de France.   Chasseur d'Afrique.

même, commandant l'armée prussienne de blocus. Par cette démarche plus qu'imprudente, le maréchal donnait prise sur lui; il allait devenir le jouet de l'astucieuse diplomatie de Bismarck, qui comprit tout de suite le parti qu'on pouvait tirer de cet échange de communications pour énerver la défense et connaître la situation de la place. De là l'incident Régnier; toutefois les allées et venues de ce traître entre le quartier général prussien et la ville de Metz ne devaient pas amener les résultats qu'en attendait Bazaine.

Cet échec de ses menées occultes, le besoin d'agir qui tourmentait l'armée et la population messine, parurent ramener le maréchal à l'idée de faire la trouée générale et décisive, toujours vers Thionville. Mais, une fois de plus, la sortie n'eut pas lieu sérieusement, et l'affaire du 7 octobre se borna à un grand fourrage exécuté par le 6ᵉ corps, dans la direction de *Ladonchamps*.

Les Français y montrèrent une vaillante ardeur; mais, après quelques heures de combat, trop exposés aux coups de la formidable artillerie de l'ennemi couronnant les crêtes voisines, ils rentrèrent dans leur campement du matin. L'occasion de sortir était perdue et ne devait plus se retrouver.

Trois jours plus tard, le 10 octobre, le maréchal Bazaine réunissait le conseil de guerre qui prenait la résolution de demander aux Allemands une convention militaire honorable et acceptable pour tous. Le général Boyer, premier aide de camp du commandant en chef, fut désigné pour se rendre à Versailles. Dès son premier entretien avec Bismarck, Boyer sentit que le sort de l'armée de Sédan attendait l'armée de Metz, et c'est la réponse qu'il rapporta au maréchal et à ses lieutenants.

Plus que jamais, le patriotisme imposait au généralissime le devoir de se frayer un chemin, l'épée à la main, à travers les lignes prussiennes. Mais, avec le temps, les chances de succès s'étaient amoindries : tous les chefs de corps ne répondaient pas de leurs hommes, affaiblis par les privations et surtout démoralisés par la conduite incohérente du commandant en chef. Celui-ci d'ailleurs penchait intérieurement pour un arrangement avec le gouvernement prussien, par l'intermédiaire et dans l'intérêt de l'Impératrice. Il réussit à persuader à ses lieutenants d'envoyer le général Boyer à Chislehurst[1]. Cette nouvelle mission échoua. L'Impératrice, — il faut le dire à sa louange — refusa de jouer le rôle indigne qu'on lui demandait. C'en était donc fait des illusions du maréchal et de ses machinations égoïstes (19-22 octobre).

Spahi.

L'agonie commençait. Une tentative de sortie ne pouvait à ce moment qu'aboutir à un désastre ; la seule issue était d'entrer en pourparlers avec l'ennemi. Ce fut d'abord le vieux général Changarnier qui essaya d'attendrir le vainqueur et d'obtenir pour la malheureuse armée de Metz des conditions adoucies : l'armée française serait internée sur quelque point du territoire, ou transportée en Afrique. Le prince Frédéric-Charles repoussa ces propositions, et le lendemain 25 octobre, il fit connaître au général de Cissey, délégué du maréchal, les conditions arrêtées par Bis-

---

1. Petit village d'Angleterre, à 16 kilomètres S.-E. de Londres, où se trouvait l'Impératrice.

Vue de l'île Sainte-Marguerite.

marck : capitulation de l'armée et de la place de Metz, avec tout le matériel de guerre, canons, fusils, drapeaux, vivres, etc.

Les conditions imposées par le vainqueur étaient certes fort douloureuses, on ne put cependant en obtenir de meilleures. Le conseil de guerre chargea alors le général Jarras, chef d'état-major, de se rendre au château de Frescaty pour y régler les clauses définitives de la reddition. Jarras essaya encore d'arracher quelques concessions au délégué prussien : il réussit à conserver leur épée aux officiers prisonniers de guerre. Le 27 octobre, la capitulation était signée suivant les termes fixés par le gouvernement prussien. Nombre de drapeaux cependant purent être lacérés et brûlés. Mais la convention n'en livrait pas moins 173 000 hommes, 1 570 canons, 137 000 chassepots et 123 000 armes diverses.

Ainsi succombait la vieille forteresse lorraine, après deux mois et demi de blocus sans « nul bombardement, nul assaut, nulle tranchée ouverte, nulle parallèle ». La conduite de Bazaine méritait un châtiment sévère : le conseil de guerre de Trianon le condamna à la peine de mort (10 décembre 1873). Sa peine ayant été commuée, il fut interné dans l'île Sainte-Marguerite [1], d'où il s'évada. Il est mort en Espagne, méprisé et renié par tous les vrais Français, qui ne verront jamais en lui qu'un général traître à sa patrie.

---

[1]. L'une des îles Lérins, sur les côtes de Provence.

Le maréchal Bazaine.

Ni par l'étendue de son savoir, ni par son génie militaire, ni par l'élévation de son caractère, le maréchal Bazaine n'était en mesure de tirer l'armée du Rhin de la situation fâcheuse où elle se trouvait le jour où il fut investi du commandement en chef. Il est d'ailleurs une qualité indispensable dans les circonstances difficiles qui lui faisait complètement défaut. Il ne possédait en aucune manière l'énergie du commandement ; il ne savait pas dire : *Je veux*, et se faire obéir. Donner un ordre net et précis était de sa part une chose impossible.

Je crois aussi bien fermement que, quoi qu'il fît, il sentait, dans son for intérieur, que la situation et les événements étaient au-dessus de ses forces. Il succombait sous le poids de cette vérité accablante. N'ayant pas su arrêter un plan de conduite, il n'avait pas un but net et précis, il tâtonnait et voulait ne rien compromettre en attendant que les événements lui ouvrissent des horizons nouveaux dont il espérait, au moyen d'expédients plus ou moins équivoques, parvenir à dégager, sinon son armée, au moins sa personnalité et ses intérêts.

La fortune ne l'avait-elle pas favorisé jusqu'alors au delà de ses espérances ? Faute de mieux, il s'est abandonné au hasard, dernière ressource de ceux qui ne comptent plus sur eux-mêmes.

Mais que l'on suppose un instant le commandant en chef de l'armée du Rhin doué de l'énergie puissante et patriotique des grandes âmes, il eût méprisé tous les petits calculs plus ou moins aléatoires pour marcher franchement et virilement droit au but.

Il eut certainement enflammé de cette pensée tout à la fois si grande et si simple son armée entière, depuis ses commandants de corps d'armée jusqu'aux soldats ; il l'eût entraînée d'enthousiasme à un effort suprême, et fortement résolu à vaincre à tout prix, j'ai la conviction qu'il aurait vaincu.

(Général JARRAS, *Souvenirs*.)
Librairie Plon.

L'incident Régnier.

Le 23 septembre, au soir, se présentait aux avant-postes de l'armée assiégée un inconnu qui demandait à parler au maréchal Bazaine en personne. Cet inconnu était un aventurier, un intrigant du nom de Régnier, et, pour tout dire, un espion prussien. Conduit devant le général en chef, il se donnait pour l'envoyé d'Hastings [1], dont il montrait une photographie, revêtue de la signature du prince impérial, en même temps qu'il exhibait un laisser-passer de Bismarck, daté de Ferrières, où il s'était arrêté. Bazaine accueillit sans hésitation cet extraordinaire messager. Celui-ci exposa alors que la paix était possible avec une restauration impériale et que l'armée de Metz, rendue à la liberté, serait le soutien nécessaire et naturel du gouvernement restauré ; il ajouta que les négociations à engager dans ce sens exigeaient la présence au-

---

1. Station balnéaire anglaise, sur la côte du Pas de Calais, où séjournèrent l'Impératrice et son fils.

LE BLOCUS DE METZ.

près de l'impératrice Eugénie d'un représentant du maréchal. Bazaine, au lieu de repousser avec indignation de pareilles propositions, se laissa séduire par la perspective de sortir de l'impasse où il se trouvait avec les honneurs de la guerre, c'est-à-dire avec armes et bagages, et déclara qu'il était prêt à négocier avec Bismarck.

Cette conversation terminée, Régnier prit congé du maréchal, qui lui serra la main, et regagna le quartier général prussien, où il eut aussitôt une entrevue avec le prince Frédéric-Charles. Puis il revint le lendemain auprès de Bazaine apportant, de la part de Bismarck, l'autorisation de faire sortir de Metz un officier supérieur pour se rendre auprès de l'Impératrice. Après le refus de Canrobert, souffrant, cette mission fut confiée à Bourbaki, qui, le soir même, quitta Metz, déguisé en médecin luxembourgeois.

A peine hors des lignes françaises, en entendant Régnier lui proposer d'aller serrer la main au prince Frédéric-Charles, Bourbaki eut l'idée qu'on l'avait indignement trompé. Ses soupçons se changèrent en certitude lorsque, débarqué en Angleterre, il rendit visite à l'Impératrice. Celle-ci, en effet, lui déclara qu'elle était restée complètement étrangère à la mission de Régnier et que, d'ailleurs, elle refusait de prêter la main à un arrangement avec le gouvernement prussien. Bourbaki ayant informé Bazaine des résultats négatifs de son voyage, il devenait inutile de prolonger les négociations ; Bazaine, d'ailleurs, ne parlait que de la capitulation avec les honneurs de la guerre, en exceptant la place de Metz, tandis que Bismarck voulait avoir et l'armée et la place. Régnier fut donc désavoué de part et d'autre. Mais les coupables intrigues du maréchal avaient appris aux Allemands que les vivres se faisaient rares dans Metz et que l'époque approchait où la famine aurait raison des défenseurs de la vieille cité lorraine.

Bismarck sut attendre patiemment le dénouement.

(D'après Duquet, *Les derniers jours de l'armée du Rhin.*)

Proclamation de Gambetta sur la chute de Metz.

Tours, le 30 octobre 1870.

Français,

Élevez vos âmes et vos résolutions à la hauteur des effroyables périls qui fondent sur la patrie. Il dépend encore de nous de lasser la mauvaise fortune et de montrer à l'univers ce que c'est qu'un grand peuple qui ne veut pas périr et dont le courage s'exalte au sein même des catastrophes.

Metz a capitulé.

Un général, sur qui la France comptait, même après le Mexique, vient d'enlever à la patrie en danger plus de deux cent mille de ses défenseurs.

Le maréchal Bazaine a trahi !

Il s'est fait l'agent de l'homme de Sedan, le complice de l'envahisseur, et, au mépris de l'honneur de l'armée dont il avait la garde, il a livré, sans même essayer un suprême effort, 120 000 combattants, 20 000 blessés, ses fusils, ses canons, ses drapeaux, et la plus forte citadelle de la France, Metz, vierge jusqu'ici des souillures de l'étranger.

Un tel crime est au-dessus même des châtiments de la justice....

Gambetta, membre du Gouvernement de la Défense nationale, ministre de l'Intérieur.

Le général prussien Werder et son état-major mirent pied à terre pour venir féliciter le général Uhrich (28 septembre 1870).

CHAPITRE IX

LES VILLES ASSIÉGÉES : STRASBOURG

La résistance de Strasbourg fut moins longue encore que celle de Metz. C'est que la vieille forteresse alsacienne, malgré son importante position de sentinelle avancée sur le Rhin, avait été négligée; malgré des avertissements nombreux, on n'avait rien fait pour la mettre à l'abri d'un bombardement par les nouveaux canons à longue portée; les forts détachés étaient encore à l'état de projet. Enfin, Strasbourg n'avait pas, au moment de la déclaration de guerre, de troupes spéciales de défense et jamais garnison ne fut composée d'éléments plus disparates : soldats de la ligne, fuyards de Frœschwiller, lanciers, pontonniers, marins, mobiles, constituaient l'armée de 15 000 hommes, ou mieux de 10 000 combattants réels, à la tête desquels fut placé le vieux général Uhrich, tiré de la réserve, chef honnête et courageux, mais mal préparé à la lourde tâche qui lui incombait. Le temps d'ailleurs allait lui manquer pour fortifier les abords de la place; car le 11 août, cinq jours après la défaite de Frœschwiller, l'ennemi paraissait devant Strasbourg.

60 000 Allemands, sous le commandement du général Werder, procédèrent à l'investissement de la place, sans être autrement inquiétés que par la lamentable sortie du 16 août, où le brave colonel Fiévet trouva la mort. Afin d'amener la ville à se rendre dans le plus bref délai, le maréchal de Moltke prescrivit à Werder de la bombarder. Le 23 août, les projectiles incendiaires commencèrent à tomber sur la malheureuse cité, semant partout la destruction. La nuit du 24 et celle du 25 furent particulièrement terribles : les établissements publics, la Préfecture, l'Hôtel de ville, le Temple neuf, le Gymnase protestant, le Séminaire catholique, le Lycée, l'Hôpital civil, le Musée de peinture, la Bibliothèque furent démolis par les obus, ou devinrent, ainsi que de nombreuses maisons, la proie des flammes. La magnifique cathédrale même ne fut pas épargnée. Les Allemands semblaient prendre plaisir à cette façon barbare de faire la guerre, qu'ils renouvelèrent à différentes reprises jusqu'au 20 septembre.

Malgré tant de désastres, malgré le nombre des victimes qui avaient fait transformer le Jardin botanique en cimetière, les Strasbourgeois ne parlaient pas de se rendre, et Werder avait dû se résigner à entreprendre un siège en règle. Grâce à la supériorité de leur artillerie, les Prussiens purent faire des progrès rapides et se rapprocher des remparts de la ville. Mais peut-être la garnison de Strasbourg pouvait-elle espérer recevoir du dehors quelques secours. Les nouvelles qu'apporta le 11 septembre la délégation suisse, venue pour arracher aux souffrances du siège 2 000 personnes, firent comprendre que la ville n'avait qu'à compter sur ses propres ressources. Les fonctionnaires républicains installés alors, le maire, le Dr Küss, le préfet, Edmond Valentin, ne purent rien pour prolonger une résistance qui devenait de jour en jour impossible.

La commission municipale constatait la triste réalité des choses le 18 septembre, et demandait au général Uhrich d'entamer des négociations avec l'ennemi. Uhrich déclinait d'abord cette invitation; mais jugeant à l'état des remparts qu'un assaut prochain ne pourrait être repoussé, il fit hisser le 27 septembre le drapeau blanc sur le sommet de la cathédrale. Le lendemain 28, la capitulation était signée, à la grande douleur des habitants et des soldats de la garnison, dont beaucoup brisèrent leurs armes.

Le général Werder et ses officiers attendaient sur les glacis les troupes françaises évacuant la place.

A la vue du général Uhrich, le chef de l'armée prussienne et son état-major mirent pied à terre, et Werder s'avançant vers le gouverneur de Strasbourg l'embrassa et le félicita hautement de sa belle défense.

Le général Uhrich avait, en effet, rempli sans faiblesse ses devoirs de soldat, et il emportait non seulement l'estime de l'ennemi, mais encore l'admiration de ses compatriotes.

Chasseur à cheval, d'après A. de Neuville.

Le préfet Valentin.

Edmond Valentin, ancien représentant de la Législative, osa pénétrer dans Strasbourg à travers les lignes allemandes. Arrêté deux fois et deux fois relâché par les ennemis, grâce à son passe-port américain et à sa parfaite connaissance de la langue anglaise, il parvint jusqu'au quartier général allemand à Mundolsheim et resta deux jours entiers dans la maison même où Werder faisait ses repas. Des paysans le reconnurent, mais ils ne le trahirent pas; ils passaient à côté de lui en murmurant : « Bonsoir, Monsieur le Préfet. » Le 19 septembre au soir, Valentin se glisse vers Schiltigheim et, remarquant à la lueur des cigares et des pipes que les soldats se rapprochent des batteries pour recevoir leur ration de café, il franchit d'un bond la tranchée dégarnie, se laisse choir dans un champ de pommes de terre et de maïs, demeure à plat ventre quelques minutes, puis se dirige à quatre pattes vers le glacis. Les tiges qu'il remue révèlent sa présence et les balles, les boulets le poursuivent; il marche néanmoins et au bout de trois quarts d'heure, arrive tout près de l'Aar, en avant de la lunette 56. Il se jette à la nage, mais s'embarrasse dans des herbes et dans des roseaux. Sans hésiter il retourne au point de départ, remonte un peu plus haut, aborde en un endroit dégagé, il gagne la place d'armes du chemin couvert, tombe à plusieurs reprises dans des trous de bombes et touche enfin au fossé inondé qui couvre la lunette 56. Il hèle la sentinelle. Personne ne se montre. Épuisé, grelottant de froid, il se jette de rechef à la nage, traverse le fossé, s'élève péniblement jusqu'à la base du parapet, puis jusqu'au sommet, et se redresse en criant : « France! France! » On lui tire des coups de fusil, aucun ne l'atteint. Un vieux zouave le couche en joue, un caporal du 78e abat l'arme du zouave. Valentin, prisonnier, est enfermé dans un pavillon du jardin Lips où il se réchauffe et dort dans un bon lit de plumes, au milieu des obus qui pleuvent et ébranlent les arbres du Contades.

Le lendemain, à six heures du matin, on le conduit à Uhrich. Il ôte de sa manche où il l'avait cousu, plié dans une toile cirée, le décret qui le nommait préfet du Bas-Rhin. Le soir son hôtel était incendié. « Vous avez dans la même journée, lui disait Uhrich, subi les deux épreuves de l'eau et du feu. »

(CHUQUET, *La Guerre* [1870-1871].)

Siège de Belfort (3 nov. 1870-13 fév. 1871).

CHAPITRE X

LES VILLES ASSIÉGÉES : VERDUN, BITCHE, BELFORT, ETC.

Avec Metz et Strasbourg, succombaient les autres places de nos frontières de l'Est et du Nord. Il y a du moins quelque fierté à constater qu'elles fermèrent leurs portes à l'approche de l'ennemi et que presque toutes soutinrent un véritable siège, alors qu'avant la déclaration de guerre on n'avait rien fait pour les y préparer. Et c'est un hommage à rendre à la population et à la garnison de ces vaillantes cités que de faire connaître à tous les Français comment, victimes volontaires de leur patriotisme, elles ont su lutter et souffrir.

Les Prussiens avaient surtout hâte de se rendre maîtres des forteresses qui commandaient les grandes voies ferrées : tel était le cas de Toul, de Soissons, de Verdun.

Toul interceptait les communications directes de l'Allemagne sur Paris : investie dès le 14 août, elle résista six semaines, jusqu'au 23 septembre ; il fallut un violent bombardement pour amener ses défenseurs, presque tous mobiles de la Meurthe, à déposer les armes.

A *Soissons*, la petite garnison, aidée de la garde nationale dont l'ardeur et l'énergie ne faiblirent pas un instant, essaya, inutilement d'ailleurs, de contrarier les travaux d'investissement par quelques sorties. Bientôt écrasée par les batteries ennemies qui couronnaient les hauteurs voisines, la ville se rendit, après trente-sept jours de siège (15 octobre).

Plus longue et plus opiniâtre fut la résistance de *Verdun*. La place, il est vrai, était très bien approvisionnée et son gouverneur, le général Guérin de Waldersbach était un homme énergique et entreprenant. Celui-ci, attaqué le 24 août par l'armée du prince Georges de Saxe, la repoussa et, comme on le sommait de se rendre, il répondit par un refus catégorique. L'ennemi tenta alors d'effrayer la population par un bombardement plusieurs fois renouvelé et qui devint surtout épouvantable vers le milieu d'octobre : pendant cinquante-

Vue de Verdun.

six heures consécutives, une pluie d'obus s'abattit sur la ville. Le général Guérin ne perdit point confiance, il put même dans une brillante sortie effectuée, le 26 octobre, démonter plusieurs batteries prussiennes, briser les affûts et détruire les munitions. Mais après la reddition de Metz l'ennemi reçut de nombreux renforts et disposa d'un important parc de siège; une attaque en règle de la place allait commencer lorsque le général Guérin demanda à capituler (9 novembre).

Admirant la belle défense de la garnison, les Allemands accordèrent à Verdun des conditions exceptionnelles : ils la dispensèrent de toute contribution de guerre et réquisition et stipulèrent qu'après la guerre, le matériel et les approvisionnements seraient rendus à la France.

Déjà d'autres places de moindre importance étaient tombées au pouvoir de l'ennemi, *Laon*, trop mal armée pour repousser une attaque, ne voulut pas se laisser détruire sans profit pour personne et céda à la première sommation du grand-duc de Meck-

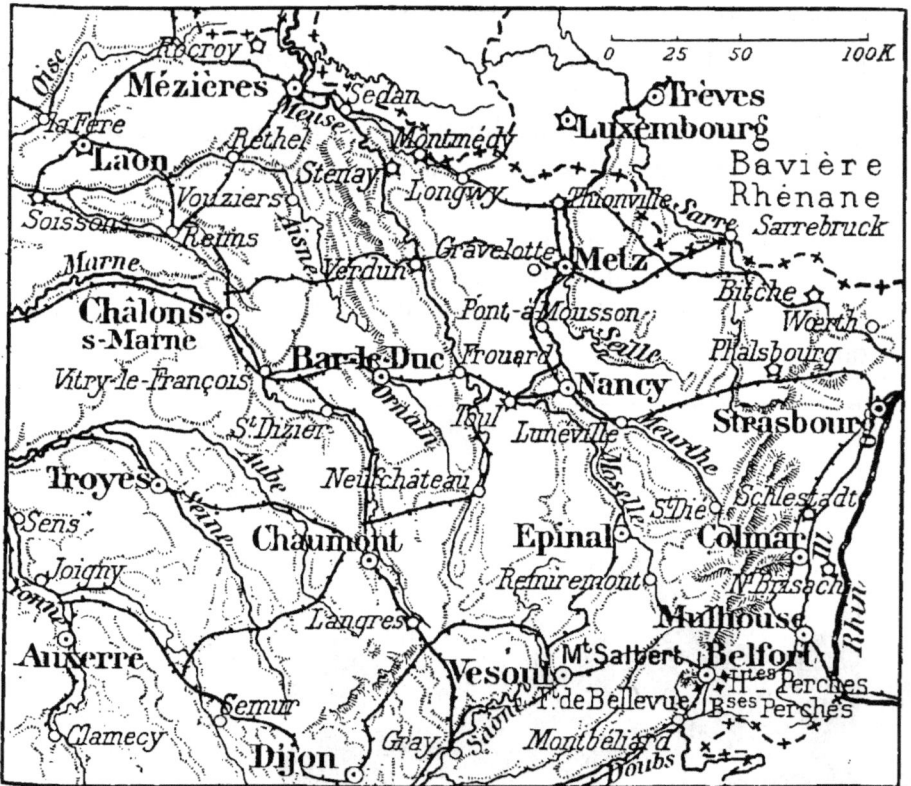

Belfort et ses environs.

lembourg, le 9 septembre. Un vieux soldat, le garde du génie Henriot, indigné d'une capitulation si rapide, mit le feu à la poudrière de la citadelle et provoqua ainsi une terrible explosion.

Schelestadt, Neuf-Brisach, Thionville, La Fère, ayant eu le temps de s'organiser pour la résistance, attendirent courageusement la venue de l'ennemi. Elles reçurent sans s'effrayer les premiers obus; mais à mesure que la canonnade devint plus intense, en présence des ravages causés par cette pluie de fer et de feu, impuissantes à réduire au silence les batteries prussiennes, elles arborèrent le drapeau blanc et se rendirent successivement le 24 octobre, le 10, le 22 et le 26 novembre.

Le 12 décembre suivant, on apprenait la chute de *Phalsbourg* qui résistait depuis dix-sept semaines. Deux attaques de vive force, quatre bombardements n'avaient pu abattre le courage des habitants de cette petite ville, qui ne se rendit que le jour où le pain manqua. Aussi le commandant de la place, l'héroïque co-

lonel Taillant, pouvait-il déclarer hautement que Phalsbourg
n'avait pas capitulé.

Le 14 décembre, c'était le tour de *Montmédy*, dont la garnison
avant d'être bloquée, avait tenté, pendant le mois d'octobre, de
hardis coups de main. Le plus heureux fut celui de Stenay, dont
le détachement allemand fut fait presque tout entier prisonnier.
Mézières capitulait le 1er janvier, alors qu'elle n'était plus qu'un
amas de décombres; le 5 janvier, *Rocroi* ouvrait ses portes, après
quelques heures de résistance; *Longwy* se défendit plus sérieusement, mais succomba le 25 janvier.

L'armistice ne trouva que deux places luttant encore contre les
Prussiens, Bitche et Belfort.

Bitche soutint un siège particulièrement glorieux. Adossée à la
montagne, sa citadelle défia tous les assauts du 7 août au 27 mars.
Rien ne put ébranler le courage et la confiance de la population
et de la garnison, commandée par l'énergique colonel Tessier:
tous supportèrent sans faiblir le bombardement et les maladies
épidémiques qui sévirent cruellement. Aussi les défenseurs de
Bitche eurent-ils l'orgueil de sortir avec armes et bagages, loin
des regards de l'ennemi.

La défense de *Belfort* a immortalisé le nom de son gouverneur,
l'intelligent colonel Denfert-Rochereau. Tardivement investie — le
3 novembre seulement — Belfort avait pu être mise en état de soutenir un siège. Elle s'était procuré, vivres et munitions, et les ou-
vrages à peine ébauchés de Bellevue et des Perches avaient été
complétés. Le colonel Denfert, voulant tenir l'ennemi à distance le
plus possible, au lieu de s'enfermer dans les fortifications, avait
occupé le terrain en avant de la place. Grâce à ces habiles dispositions, il put faire faire de fréquentes sorties à la garnison et
inquiéter les travaux d'investissement des Prussiens dont les progrès furent très lents. Devant Bellevue, le général de Treskow,
chargé de diriger le siège, trouva une résistance opiniâtre et
meurtrière, dont il se vengea par le bombardement de la ville.
Commencé le 3 décembre, ce bombardement dura soixante-treize
jours, pendant lesquels quatre-vingt-dix-huit mille obus s'abat-
tirent sur Belfort.

Cependant arrêté dans ses attaques du côté de l'ouest, le général
de Treskow avait résolu de porter ses efforts sur le front sud que
protégeaient les deux forts des Hautes et des Basses-Perches.
Déjà les Prussiens avaient gagné du terrain et menaçaient la posi-

tion, lorsque la marche du général Bourbaki vint ralentir les travaux d'approche. Mais le danger passé, ils essayèrent dans la journée du 25 janvier d'enlever de vive force les forts des Perches; ils échouèrent. Il fallut en venir au siège méthodique. Malgré la pluie, l'ennemi continua de progresser. Enfin les redoutes des Perches, couvertes de mitraille, n'étant plus tenables, furent évacuées le 8 février. Sur ce point dominant, les Prussiens établirent quatre-vingt-dix-sept bouches à feu : le 13 février, ils allaient commencer à

Le colonel
Denfert-Rochereau.

tirer sur la ville et sur le château, lorsque arriva la nouvelle que l'armistice était étendu à la région de l'Est. Denfert-Rochereau ne se rendit toutefois que cinq jours plus tard sur l'ordre formel du gouvernement. Il obtenait les honneurs de la guerre. Grâce à lui, Belfort sauvée devait rester à la France [1].

L'explosion de la citadelle de Laon.

Le 9 septembre, à midi, l'armée allemande fait son entrée en ville, musique en tête.

Après que les postes ont été placés, le duc de Mecklembourg se rend à la citadelle avec son état-major et un bataillon de chasseurs.

Le général venait de faire la remise de la citadelle et s'entretenait avec le duc. Les mobiles, que la capitulation renvoyait dans leurs foyers à la condition de ne plus servir pendant la durée des hostilités, avaient déposé les armes et achevaient de défiler quand une explosion retentit. Un grand cri s'élève; un nuage épais, noir, monte en se tordant vers le ciel ; la poudrière a sauté. Quatre cent soixante personnes gisent à terre, parmi lesquelles cent Allemands. Le général et le duc sont tombés l'un près de l'autre, mais celui-ci se releva vite en proférant des cris de colère et des menaces de vengeance.

Dans la ville, l'explosion a brisé au loin les vitres, projeté de tous côtés des pierres qui atteignent jusqu'au sommet des tours de la cathédrale et d'horribles débris humains qu'on retrouvera dans les greniers. Des murs sont fracassés, des toits effondrés. On sort des maisons, on s'interroge; mais un flot d'Allemands et de mobiles s'est précipité dans les rues au bruit de l'explosion. Les Allemands tirent sur les mobiles et les poursuivent jusque dans les caves.

Bientôt paraît le duc de Mecklembourg, traînant son pied blessé. Il pleut à torrents; son visage et son long manteau noir ruissellent d'une boue jaunâtre. Un piquet de soldats l'escorte, l'arme prête, regardant de droite et de gauche, visant les rares habitants qui paraissent dans la rue ou montrent aux fenêtres leurs visages effarés.

---

1. En mémoire et en récompense de ce siège héroïque, la ville de Belfort a été autorisée, en 1896, à mettre dans ses armes la croix de la Légion d'honneur.

Le cortège arrive à l'hôtel de ville.

« Où sont les autorités? » s'écrie le duc. Le maire se présente. « C'est une honte pour la France, continue le duc, c'est une infamie! J'en veux tirer une vengeance dont on parlera dans mille ans! »

Et comme le maire essaye de parler :

« Silence, c'est moi qui commande ici! »

Les soldats tiennent couchés en joue les conseillers et les personnes qui se sont réfugiées à l'hôtel de ville. L'œil fixé sur leur général, ils n'attendent qu'un signe et leur visage dit qu'ils le désirent.

Cependant le maire, d'une voix calme, rejette toute complicité dans l'événement et parle des dépêches qu'il a envoyées au ministre de la Guerre pour démontrer que la ville ne pouvait se défendre. Le duc reste muet, le visage altéré par la fatigue, l'émotion, la douleur de sa blessure. Quelqu'un lui tend un verre d'eau. — « Je n'ai pas confiance! » s'écrie-t-il en écartant le verre de la main. Heureusement le comte Alvensleben arrive. Avant de se présenter à Laon comme parlementaire, il y avait, dit-on, passé deux jours sous un déguisement; il prend la défense de la ville, intercède pour elle et fait les plus grands efforts pour calmer le prince. Celui-ci cède enfin; il ordonne que le général et le préfet seront arrêtés et traduits devant un conseil de guerre et que des otages répondront de la sécurité des soldats. Son escorte relève les fusils, et les officiers font cesser le massacre dans les rues.

Les habitants courent à la citadelle. Le spectacle était plus horrible que celui d'un champ de bataille, car beaucoup vinrent là pour reconnaître un des leurs, qui remuèrent inutilement un tas informe de chair humaine. Toute la journée, les blessés et les restes des morts furent transportés à l'Hôtel-Dieu et, fort avant dans la nuit, on entendait encore dans les rues le pas des brancardiers et les plaintes des blessés.

(LAVISSE, *L'Invasion dans le département de l'Aisne.*)

En faction, d'après Alph. de Neuville.

Les trois instituteurs de l'Aisne.

Les trois instituteurs de l'Aisne

(DEBORDEAUX, POULETTE, LEROY)

Pour achever l'investissement de Soissons et établir des communications faciles et permanentes entre les deux rives de l'Aisne, les Prussiens avaient besoin de jeter un pont sur la rivière, en aval de la ville.

Ayant connu ce projet, les habitants de Pommiers résolurent d'en empêcher ou tout au moins d'en retarder l'exécution et ils demandèrent l'aide des habitants des communes voisines.

**

L'instituteur de Pasly, Debordeaux, sergent-major de la garde nationale, ardent et audacieux, accourut avec quelques hommes et organisa la résistance à l'ennemi. Accueillis d'abord par une vive fusillade, les Prussiens reculent, promettant de revenir en nombre.

Cependant Debordeaux communique à tous la foi qui l'anime et, dans la nuit du 8 au 9 octobre, il tente de surprendre le détachement ennemi qu'on lui a dit se trouver dans une ferme de la rive droite. La fusillade crépite de nouveau dans la vallée, mais au bout d'une heure Debordeaux et ses compagnons ont épuisé leurs provisions de balles et sont obligés de se retirer. Les Prussiens, qui n'ont point riposté, sortent alors de leurs cachettes et brusquement envahissent le bourg de Pommiers. Les principaux notables sont arrêtés. Puis, ils se dirigent sur Pasly. L'instituteur Debordeaux, qui cause avec le maire, est injurié et souffleté et deux revolvers braqués sur sa poitrine le forcent de livrer la liste des gardes nationaux de sa commune. Enfin, le jour suivant, sur la dénonciation de trois traîtres de Pommiers, Debordeaux est arrêté et immédiatement fusillé. Son corps servit de cible aux Prussiens : deux fois il se releva; il ne succomba qu'à la troisième décharge. On l'inhuma le lendemain seulement, tant les Prussiens avaient terrorisé la population.

Debordeaux n'avait que vingt-sept ans.

***

Cette affaire causa également la mort de Louis Poulette, instituteur de Vauxrezis, dont il avait organisé la garde nationale.

Un traître, le garde champêtre Poitevin, ayant dénoncé deux habitants de ce village qui avaient pris part à l'attaque du détachement prussien, Poulette fut considéré comme leur complice, condamné à mort et fusillé.

On força les otages de Pommiers à l'enterrer et à piétiner le sol qui le recouvrait.

***

Aussi douloureuses furent les circonstances qui coûtèrent la vie à l'instituteur Leroy.

Un corps de francs-tireurs s'était constitué dans la commune de Vendières pour inquiéter les nombreux convois prussiens qui allaient et venaient sur la route de Paris.

Un jour — c'était le 11 janvier 1871 — ces francs-tireurs arrêtèrent un cantinier et deux cantinières; après les avoir interrogés, ils les relâchèrent dans l'impossibilité de les garder. La vengeance suivit de près cette arrestation. Un détachement prussien vint occuper Vendières et, sur une vague ressemblance avec le chef des francs-tireurs, ils se saisirent de l'instituteur Leroy. Le malheureux jeune homme, injurié et frappé, fut immédiatement conduit à Châlons-sur-Marne où devait s'instruire son affaire. L'interrogatoire ne fut pas long; on entendit à la vérité la déposition du maire de Vendières qui fut favorable à l'accusé, mais les rires sardoniques des officiers prussiens firent comprendre à Leroy que sa dernière heure était venue. « Il faut épouvanter les francs-tireurs de Vendières; je serai un des boucs émissaires. »

Le 22 janvier au matin, Leroy, avec trois de ses compagnons, était conduit derrière le manège, adossé au mur et fusillé.

Il avait, jusqu'au dernier moment, tenu sa main droite levée comme pour protester de son innocence. Innocent, il l'était en effet, et la sauvagerie prussienne venait de faire une nouvelle infortunée victime.

Uhlan.

Monument de Gambetta, à Paris.

CHAPITRE XI

LE GOUVERNEMENT DE LA DÉFENSE NATIONALE

GAMBETTA

La catastrophe de Sedan amena une révolution. L'empire fut renversé le 4 septembre. Il tomba sous la réprobation de l'opinion publique, à la suite de défaites sans exemple. La République fut proclamée et les députés de Paris, sauf Thiers, organisèrent, sous la présidence du général Trochu, un gouvernement qui prit le nom de *gouvernement de la Défense nationale.*

Les membres du gouvernement de la Défense nationale étaient :
Trochu, président ;
Ernest Picard, ministre des Finances ;
Léon Gambetta, ministre de l'Intérieur ;
Crémieux, ministre de la Justice ;
Le général Le Flô, ministre de la Guerre ;
L'amiral Fourichon, ministre de la Marine ;
Jules Simon, ministre de l'Instruction publique ;
Jules Favre, ministre des Affaires étrangères ;
Dorian, ministre des Travaux publics ;

Magnin, ministre de l'Agriculture et du Commerce.

Garnier-Pagès, Pelletan, Glais-Bizoin, Emmanuel Arago et Rochefort ne reçurent aucun portefeuille. Jules Ferry fut préfet de la Seine.

Jules Favre, ministre des Affaires étrangères, et Gambetta, ministre de l'Intérieur et bientôt aussi de la Guerre, jouèrent le principal rôle jusqu'à la fin des hostilités.

Deux éloquentes proclamations firent connaître à la France entière le but que poursuivait le gouvernement nouveau. La première est adressée à l'armée. « En acceptant le gouvernement dans la crise formidable que nous traversons, nous n'avons pas fait œuvre de parti. Nous ne sommes pas au pouvoir, mais au combat ; nous ne sommes pas le gouvernement d'un parti, nous sommes le gouvernement de la Défense nationale. Nous n'avons qu'un but, qu'une volonté : le salut de la patrie par l'armée et la nation groupées autour du glorieux symbole qui fit reculer l'Europe il y a quatre-vingts ans. Aujourd'hui comme alors, le nom de République veut dire : Union intime de l'armée et du peuple pour la défense de la patrie. »

La seconde circulaire est envoyée par Gambetta aux préfets. « Notre République n'est pas un gouvernement qui comporte les dissensions politiques, les vaines querelles. C'est, comme nous l'avons dit, un gouvernement de défense nationale, une république de combat à outrance contre l'envahisseur. Que chaque Français reçoive ou prenne un fusil et qu'il se mette à la disposition de l'autorité : *La Patrie est en danger !* »

Le gouvernement, comprenant la nécessité de pourvoir à l'administration des départements et à la formation des corps d'armée destinés à arrêter les Prussiens, décida que plusieurs de ses membres se rendraient à Tours et qu'ils seraient accompagnés d'une délégation de chacun des ministères. Ces mesures étaient nécessitées par l'approche de l'ennemi. Paris allait bientôt être bloqué et complètement isolé du reste de la France. Crémieux, Fourichon, Glais-Bizoin, furent désignés par leurs collègues ; mais ils n'avaient ni l'enthousiasme ni l'énergie nécessaires pour faire face à la situation ; ils furent heureusement rejoints par Gambetta qui, parti de Paris en ballon, arriva à Tours le 10 octobre.

La défense nationale s'incarne pour ainsi dire dans la personne de Gambetta. Il avait une foi ardente et sincère dans les destinées de la France. Il a voulu délivrer la patrie, chasser l'étranger et il s'est dévoué tout entier, sans arrière-pensée, à cette noble tâche.

Proclamation de la République, le 4 septembre 1870, à l'Hôtel de ville de Paris.

Son enthousiasme, son imagination enflammée lui donnaient une puissance véritable ; il sut communiquer à la nation tout entière son ardeur patriotique. Son mot de « Guerre à outrance » souleva tous les Français ; tous les drapeaux s'effacèrent devant celui de la défense nationale ; les immenses ressources dont dispose notre pays affluèrent de toutes parts, chacun voulut contribuer à la défense de la patrie.

On a pu contester la sagesse de quelques-unes des vues de Gambetta, il a pu se tromper dans plusieurs choix ; mais il est impossible de douter de son patriotisme. Ses efforts resteront dans la mémoire de tous les Français comme un légitime sujet d'admiration.

Parmi les hommes qui soutinrent Gambetta dans cette mémorable épreuve, il faut citer M. de Freycinet, délégué à la Guerre, M. de Chaudordy, délégué aux Affaires étrangères, le colonel Thoumas, directeur de l'artillerie, et M. Spuller, son fidèle secrétaire. Tous n'avaient, comme Gambetta, qu'une seule passion, celle de défendre et de sauver la patrie.

La tâche qu'avait à accomplir la délégation de Tours, surtout en ce qui concerne la partie militaire, était des plus rudes. Il fallait organiser des armées, alors que les éléments essentiels, les généraux, les officiers de tous grades et les sous-officiers, manquaient complètement, alors que les Prussiens campaient déjà, à la fin de septembre, à quelques lieues au nord d'Orléans. On fit venir d'Afrique les premières troupes, on leva dans les dépôts un certain nombre d'hommes et on créa ainsi, en peu de temps, le 15e corps d'armée, qui fut placé à Bourges sous les ordres du général de La Motterouge. Ce corps devint le noyau de l'armée de la Loire. Dans les Vosges, on réunit 40 000 hommes, qu'on donna au général Cambriels, avec mission de défendre les défilés de ces montagnes.

Les efforts héroïques commencèrent à l'arrivée de Gambetta, qui sut imprimer à tous les services une impulsion vraiment extraordinaire. Comme le personnel administratif était en grande partie resté à Paris, il s'adressa aux ingénieurs, aux employés supérieurs des Compagnies, qui tous offrirent leur concours avec empressement.

Recrutement, armement, ambulances, tout fut improvisé, organisé. La création si rapide des armées de la défense nationale est l'une des choses les plus étonnantes dont l'histoire fasse mention et qui a suscité l'admiration de nos ennemis eux-mêmes. « Tout ce qu'il était matériellement possible de faire, la délégation de Tours l'a fait. » En quatre mois, elle envoya à l'ennemi près de 600 000 hommes, divisés en douze corps d'armée. Le colonel Thoumas, directeur de l'artillerie, livra 1 400 pièces de canon, ce qui représente deux batteries par jour, tout équipées et pourvues de leur personnel. Les trois manufactures d'armes de Saint-Étienne, Tulle et Châtellerault, fabriquèrent 1 000 fusils par jour ; mais ce chiffre étant tout à fait insuffisant, il fallut s'adresser à l'étranger, à l'Angleterre, à l'Amérique, qui nous fournirent une quantité d'armes de modèles différents ; de là des complications regrettables pour l'approvisionnement en munitions. Le service des ambulances fut dirigé par le Dr Robin, membre de l'Institut.

On manquait de cartes pour envoyer aux armées ; on n'avait distribué à nos officiers que des cartes d'Allemagne, il leur était donc impossible de suivre les opérations. On résolut de rééditer la carte de l'état-major au moyen de la photographie et de l'autographie. Cette idée ingénieuse fut donnée par un officier de marine, M. Jusselain. Grâce à lui, on put disposer de 15 000 cartes pendant les quatre mois de la campagne.

Pour avoir des officiers en nombre suffisant, on suspendit les lois ordinaires de l'avancement ; toutefois les grades accordés n'étaient valables après la paix « que s'ils avaient été justifiés par quelque action d'éclat ou service extraordinaire dûment constaté par le gouvernement de la République ». Un décret du 14 octobre créa l'*armée auxiliaire,* dans laquelle les grades n'étaient donnés que pour la durée de la guerre. Ce décret nous procura un grand nombre d'officiers qui rendirent de réels services : Crémer, Garibaldi, Keller, Cathelineau, Charette, et surtout les glorieux marins Jaurès, Jauréguiberry, Gougeard, qui n'auraient jamais pu, avec les lois ordinaires, exercer les commandements élevés qui leur furent confiés. Quelques aventuriers, dépourvus de qualités militaires, trouvèrent moyen de se glisser parmi ces braves et d'obtenir un commandement dont ils n'étaient pas dignes, mais la rapidité avec laquelle on dut agir est une excuse suffisante pour le gouvernement ; sans doute, ces armées improvisées n'avaient pas la valeur des vieilles troupes aguerries et disciplinées contre lesquelles elles allaient lutter, mais c'est précisément leur insuffisance qui fait leur grandeur devant l'histoire. Pendant trois mois, sur la Loire, dans le Nord, dans l'Est, elles disputèrent pied à pied le sol de la France, elles firent les efforts les plus héroïques, elles supportèrent toutes les privations, elles répandirent leur sang à flots et ce n'est qu'après avoir été réduites à la dernière extrémité qu'elles subirent la loi de la force.

La journée du 4 septembre à Paris.

La nouvelle de la capitulation de Sedan et de la reddition de l'Empereur s'était répandue dans toute la ville et y causait une indignation universelle. Le soir du 3 septembre une foule immense couvrait les boulevards, de nombreux cris demandant la déchéance partaient des groupes.

Le dimanche, 4 septembre, le Palais-Bourbon, où siégeait le Corps législatif, est envahi par la foule qui stationnait sur la place de la Concorde et devant la façade du palais. Elle pénètre par les couloirs et les escaliers, se précipite dans les tribunes publiques en poussant le cri : « la déchéance ! » mêlé aux cris de : « vive la France ! vive la République ! » Gambetta essaye de calmer la foule, mais elle entre tumultueusement dans la salle des séances et un conflit sanglant allait peut-être éclater, quand Jules Favre l'entraîne à l'Hôtel de ville pour y proclamer la République. Le trajet du Palais-Bourbon à l'Hôtel de ville ne se fit que lentement tant la foule était compacte. C'est à peine si les gardes nationaux, qui entouraient les députés de l'opposition, parvenaient à leur frayer un passage. Il était quatre heures lorsqu'ils débouchèrent sur la place de Grève et c'est aux acclamations enthousiastes de la population qu'ils proclamèrent la République et organisèrent le nouveau gouvernement.

Le général Trochu.

(D'après JULES FAVRE,
Histoire du gouvernement de la Défense nationale.
Librairie Plon.

Prise du parc de Coulmiers par les Français (9 novembre 1870).

CHAPITRE XII

LA PREMIÈRE ARMÉE DE LA LOIRE

Pendant que le gouvernement du 4 septembre prêchait et préparait la guerre nationale, l'invasion prussienne avait fait des progrès considérables. Paris avait été investi et des divisions de cavalerie avaient été lancées dans toutes les directions, autour de la capitale, pour mettre les assiégeants à l'abri des surprises et aussi pour récolter des vivres. Bientôt des forces plus importantes s'avancèrent vers la Loire et, dès le 8 octobre, le général Von der Tann menaça Orléans. Pour sauver cette ville, le général de la Motterouge reçut l'ordre de quitter Bourges et de passer au nord du fleuve. Un premier combat se livra le 10 octobre à *Artenay*, sur la route d'Orléans à Paris; nos troupes, vaincues, durent se replier sur Orléans, et une lutte acharnée s'engagea le 11 dans les faubourgs de la ville. Les soldats, ramenés d'Afrique, et notamment ceux de la légion étrangère, y firent preuve du plus brillant courage. L'ennemi subit des pertes considérables, et il fallut le nombre et la puissance de ses canons pour décider la victoire en sa faveur. Les Bavarois qui, dans le cours de la campagne, se sont

rendus tristement célèbres par leurs nombreux actes de sauvagerie, n'hésitèrent pas, au combat d'*Orléans*, à lever leurs crosses
en l'air à plusieurs reprises, comme pour se rendre. Ce n'était
qu'une ruse pour faire approcher les Français sans défiance et
les massacrer plus sûrement.

Le 12 octobre, nos troupes évacuèrent Orléans, qui fut occupé
par les Prussiens, et elles vinrent se rallier au sud de la Loire.
Le général de La Motterouge fut destitué et remplacé par le général d'Aurelle de Paladines, du cadre de réserve, vieux soldat des
armées d'Afrique, doué de brillantes qualités, sous les ordres
duquel on plaça bientôt le 16e corps qui, avec le 15e, forma la
première armée de la Loire.

Pendant plusieurs jours, d'Aurelle de Paladines laissa ses troupes cantonnées à Salbris,
à l'entrée de la Sologne. Il s'occupa de rétablir parmi elles la discipline, qui laissait beaucoup à désirer. Il visita tous les bataillons, il
leur parla des malheurs de la France, de ses
revers, de la possibilité de réparer nos désastres, leur faisant comprendre qu'il dépendait

Le général d'Aurelle
de Paladines.

d'eux de ramener la victoire sous nos drapeaux; il fit appel à
leur patriotisme, à leur dévouement, il exalta leur courage. Bientôt la discipline revint, et les régiments de mobiles furent en peu
de temps des troupes obéissantes, pleines de respect pour leurs
chefs.

Profitant de cette inaction, d'ailleurs nécessaire, les Prussiens
avaient étendu leurs reconnaissances à travers la Beauce, pillant,
rançonnant, et n'éprouvant nulle part, sauf à *Châteaudun*, de
résistance sérieuse. Cette héroïque cité n'avait pour garnison que
des francs-tireurs et des gardes nationaux, pas un canon, et pourtant les Prussiens ne purent s'en emparer qu'après une journée de
combat, le 18 octobre, et après l'avoir bombardée et en partie
incendiée. Aussi est-ce à juste titre que la délégation de Tours
rendit le décret suivant : *La ville de Châteaudun a bien mérité
de la patrie.*

En présence d'actes semblables, l'armée de la Loire résolut de
prendre l'offensive.

Deux plans s'offraient à elle. Le premier consistait à marcher
vers l'est pour essayer de couper les communications de l'armée
qui assiégeait Paris. Mais l'exécution de ce projet était remplie de

difficultés ; de plus, c'était laisser libres les routes de l'ouest et du midi de la France ; enfin, les résultats étaient bien lointains. Or, il était de la plus haute importance de frapper un grand coup, de remporter un succès immédiat afin de rendre à la nation le courage et l'espérance qu'elle avait perdus à la suite de nos premiers désastres. Le second plan, qui fut adopté par le gouvernement, avait pour but de débloquer Paris. Il s'agissait de marcher sur la capitale, de seconder les efforts de Trochu et de ses lieutenants, et d'obliger les Prussiens à lever le siège. Mais les relations avec Paris furent toujours très difficiles ; on ne fut jamais exactement fixé sur la durée probable de sa résistance ; on ne fut pas toujours renseigné à temps sur les sorties que préparaient les assiégés, de telle sorte qu'on ne put pas combiner les opérations et les exécuter dans les conditions les plus avantageuses.

Pour marcher sur Paris, il fallait tout d'abord se débarrasser de l'armée qui occupait Orléans. Elle était en majeure partie composée de Bavarois et elle était commandée par le général Von der Tann. Ce fut le 25 octobre que l'armée de la Loire résolut de reprendre Orléans. Le mouvement devait se faire par Blois. Le 30, le quartier général fut porté à Mer, sur la rive droite de la Loire. Le 2 novembre, Chanzy, qui allait devenir l'un des héros de la défense nationale, était appelé au commandement du 16e corps ; le mouvement offensif commença aussitôt après.

Le 7 novembre eut lieu au village de *Vallières* une première et sérieuse rencontre ; toute une compagnie de Bavarois fut faite prisonnière. Ce succès eut sur nos jeunes troupes une grande influence ; il leur donna beaucoup de confiance.

Le 9 se livra la bataille de *Coulmiers*. Il avait été convenu que le 16e corps et deux divisions du 15e se porteraient de Blois sur Orléans, pendant que la 1re division du 15e corps, sous les ordres du général Martin des Pallières, partirait de Gien et prendrait les ennemis à revers. Attaqué à droite et à gauche, le général Von der Tann se serait trouvé dans une position fort critique ; mais la bataille commença deux jours plus tôt qu'on ne l'avait prévu, et Martin des Pallières ne put arriver à temps sur le champ de bataille. Nos troupes firent preuve du plus brillant courage ; les mobiles combattirent comme de vieux soldats. Ceux de la Sarthe et de la Dordogne, entraînés par le général Barry aux cris de : « En avant ! Vive la France ! » emportèrent d'assaut le parc de Coulmiers et en chassèrent les Bavarois. Le désastre eût été complet pour l'ennemi si le commandant de la cavalerie, le général Reyau, avait exécuté les ordres qu'il avait reçus, et s'il avait poursuivi les fuyards pour leur couper la retraite.

Nos troupes couchèrent sur le champ de bataille par une nuit glaciale et sous une pluie constante. On leur distribua des vivres et des munitions. Mais l'obscurité était telle, dit le général Chanzy, que les corps ne parvinrent qu'à grand'peine à se reformer; les hommes, couchés dans une boue épaisse, sans feu, le pays n'offrant aucune ressource en bois, ne purent prendre aucun repos. Il fallut attendre le jour pour se reconnaître, juger de la position et aviser.

La lutte recommença le lendemain, et après un combat des plus meurtriers et des plus héroïques, les

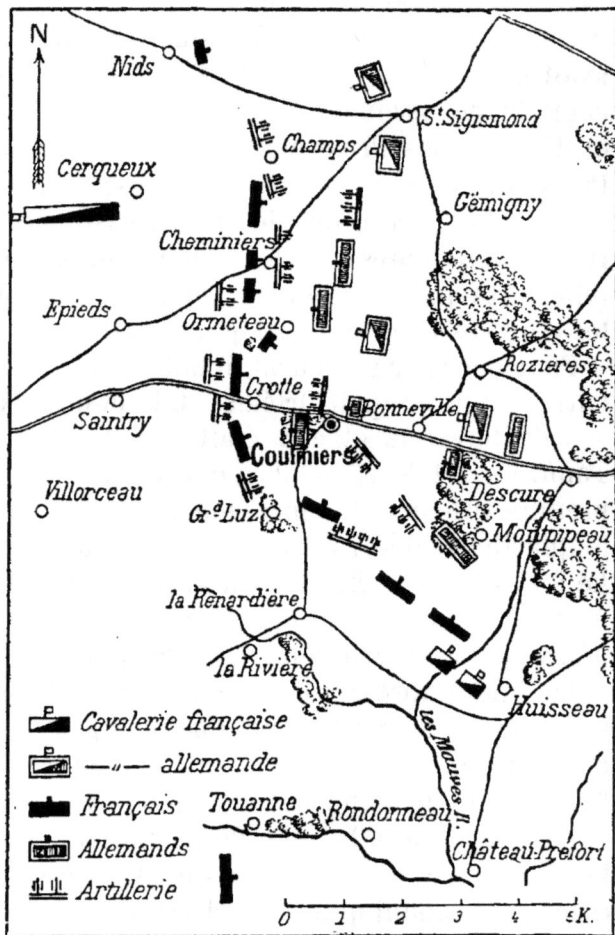

Plan de la bataille de Coulmiers.

Français, victorieux, chassèrent l'ennemi d'Orléans et le forcèrent à se retirer en déroute sur Toury.

La victoire de Coulmiers, le seul succès véritablement incontesté de nos armes pendant cette guerre, qui fit concevoir au pays de si belles espérances, décupla le moral des troupes; il semble donc que le général d'Aurelle aurait dû les entraîner vers Paris, ou tout au moins écraser complètement l'armée bavaroise avant qu'elle eût

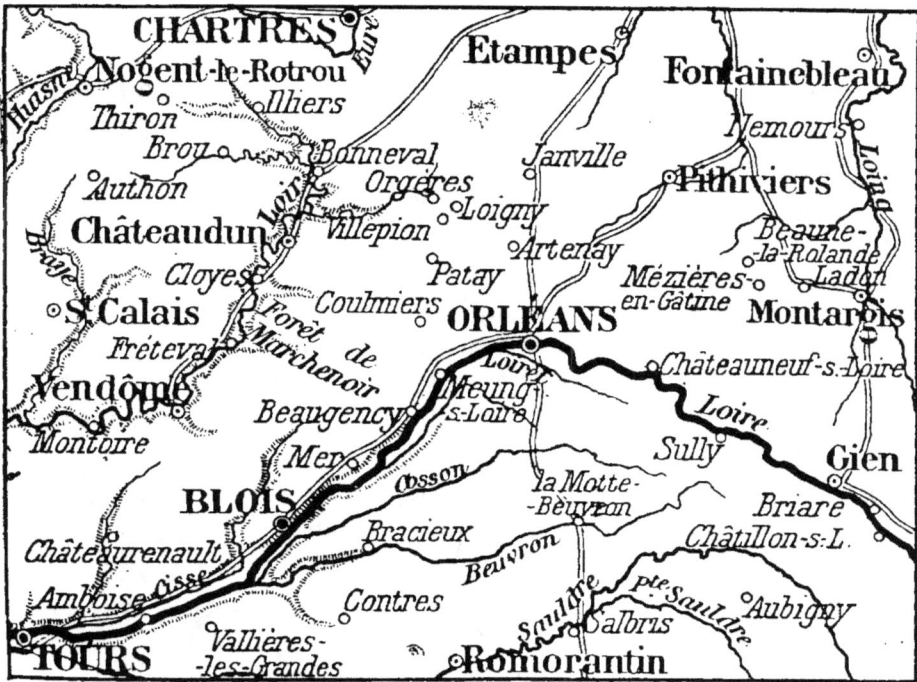

Orléans et ses environs.

reçu des secours. Les Prussiens reconnaissent eux-mêmes que la marche en avant de l'armée de la Loire les aurait fortement gênés en les forçant de dégarnir leurs lignes autour de Paris pour venir au secours des Bavarois, et par contre cet affaiblissement d'un de leurs points d'investissement aurait donné à Trochu une occasion favorable d'opérer une sortie. Mais le général d'Aurelle ne croyait pas que son armée fût en état de se porter en avant. Il résolut donc de rester sur la défensive et de faire d'Orléans un camp retranché qui lui servirait de base d'opérations.

Les Prussiens, qui considéraient la guerre comme terminée après la destruction des armées de l'Empire, furent profondément surpris de la défaite de Coulmiers; ils s'empressèrent de prendre toutes les précautions nécessaires pour se débarrasser de cette force qui surgissait à l'improviste et à l'existence de laquelle ils ne voulaient pas croire. Ce fut juste à ce moment que la capitulation de Metz vint rendre disponible la meilleure de leurs armées, celle que commandait le prince Frédéric-Charles. Si Bazaine avait tenu plus longtemps à Metz, d'Aurelle de Paladines n'aurait pas eu en face de lui des troupes nombreuses, composées de soldats aguerris et entraînés par des succès répétés, il aurait pu marcher sur Paris, c'était peut-être le salut, la délivrance de la patrie.

L'armée prussienne de Metz, après la capitulation, avait été divisée en deux corps ; l'un, avec Manteuffel, forma la première armée, qui fut dirigée vers Compiègne pour protéger, du côté du nord, l'armée qui assiégeait Paris ; l'autre, avec Frédéric-Charles, fut dirigée vers la Loire à marches forcées.

D'Aurelle ne fit rien pour empêcher la concentration des troupes prussiennes. Il se maintint à Orléans dans une inaction complète, malgré l'avis de Chanzy, qui aurait voulu étendre les positions de l'armée et, au besoin, prendre l'offensive. Le gouvernement de la Défense nationale, tenu au courant, jour par jour, des mouvements des Prussiens, fit les plus grands efforts pour les arrêter et leur opposer des forces égales, sinon supérieures en nombre. Il constitua de nouveaux corps d'armée : le 17e, qui fut donné au général de Sonis, et qui vint prendre position à l'ouest d'Orléans, près de la forêt de Marchenoir ; le 21e, qui fut commandé par le capitaine de vaisseau Jaurès, nommé géné-

Le général prussien
de Manteuffel.

ral à titre auxiliaire ; il vint s'établir à Nogent-le-Rotrou, avec mission d'empêcher le grand-duc de Mecklembourg de tourner l'aile gauche de notre armée. Deux autres corps d'armée, le 18e et le 20e, furent bientôt organisés et dirigés sur Gien pour contenir le prince Frédéric-Charles.

Tous ces corps nouveaux étaient formés de jeunes mobiles ou de jeunes soldats de l'armée régulière, en général mal armés, mal équipés, et qui n'avaient aucune instruction militaire. Mais la patrie était envahie, foulée aux pieds ; nos villes étaient rançonnées, nos villages incendiés, nos paysans fusillés ; il fallait donc lutter et combattre jusqu'au bout pour sauver au moins le vieil honneur de la France. La plupart de ces mobiles avaient tout quitté, fortune, bien-être, famille, femmes, enfants, pour accourir à la défense du sol national. C'étaient de braves cœurs, disposés à tous les sacrifices et qui aimaient bien leur pays.

D'Aurelle, pourtant, n'avait qu'une confiance médiocre dans les troupes successivement rangées sous son commandement, et ne paraissait pas décidé à sortir de son inaction. Aux instances pressantes de Gambetta, qui l'invitait à méditer un projet d'opérations ayant Paris pour suprême objectif, il se contenta de répondre qu'on pouvait compter sur son dévouement absolu ; mais ce n'était pas là ce que demandait le ministre, et, devant le refus du général de présenter un plan quelconque, M. de Freycinet dut se substituer à lui et préparer un plan de marche sur Paris. Il y eut là une confusion regrettable. Gambetta et M. de Freycinet eurent tort de vouloir diriger les opérations militaires ; il eût fallu laisser aux généraux toute leur liberté d'action. C'était annihiler l'initiative, les inspirations que doit avoir sur le champ de bataille le commandant d'un corps d'armée.

M. de Freycinet s'arrêta à la pensée d'une marche sur Fontainebleau. Cette direction lui paraissait devoir répondre à une tentative éventuelle de l'armée de Paris pour rejoindre l'armée de la Loire. C'est donc vers Pithiviers et Beaune-la-Rolande que furent envoyés le 18ᵉ corps, commandé par un jeune colonel d'état-major, Billot, et le 20ᵉ corps, commandé par le général Crouzat ; ils devaient être appuyés par la plus forte division du 15ᵉ corps, celle du général Martin des Pallières. Malheureusement, nos troupes ne purent agir avec ensemble ; elles étaient trop disséminées.

M. de Freycinet, délégué à la Guerre.

Du 24 au 28 novembre, il y eut une série d'engagements à Ladon, à Maizières, et le 28 se livra la bataille de *Beaune-la-Rolande*. Le 18ᵉ corps déploya une très grande vigueur. Il délogea l'ennemi de toutes ses positions. Mais le prince Frédéric-Charles ayant fait soutenir ses troupes par des renforts, nos soldats durent se retirer.

Malgré l'insuccès de Beaune-la-Rolande, il était nécessaire de continuer le mouvement sur Pithiviers pour répondre au général Ducrot, qui se préparait à sortir de Paris en se dirigeant sur Montargis par la forêt de Fontainebleau. L'ennemi comprenant fort bien qu'il fallait à tout prix arrêter la marche de l'armée de la Loire, accumula des forces énormes pour lui barrer le passage. Le duc de Mecklembourg et le prince Frédéric-Charles opérèrent leur jonction et disposèrent de plus de 100 000 hommes.

Ils attaquèrent l'armée de la Loire le 1ᵉʳ décembre. L'aile droite du duc de Mecklembourg vint se heurter à *Villepion* au corps du général Chanzy, et fut repoussée. Ce premier succès était d'un heureux augure pour les opérations qui allaient suivre; il était dû tout entier à Jauréguiberry. Sa bravoure était légendaire dans l'armée. « Il faut le chercher, disaient les soldats, là où le feu est le plus fort. Son petit cheval, dont le trot le fait sautiller, est avec son cavalier partout où le danger passe. Calme, souriant, intrépide, l'amiral a, même sous les balles, une bonne parole pour ses soldats; il leur donne la confiance. » Le 2 décembre, Chanzy fit un mouvement vers le nord, afin de rejoindre la route d'Orléans à Paris à la hauteur de Toury. Mais nos troupes arrivèrent,

sur le champ de bataille de *Loigny*, engourdies par une nuit glaciale passée sans feu en face de l'ennemi. Le combat fut acharné; les Bavarois subirent des pertes considérables; ils ne furent sauvés d'un anéantissement complet que par l'arrivée d'une division prussienne. Nos bataillons, décimés par

Plan de la bataille de Beaune-la-Rolande.

l'artillerie ennemie, résistèrent sur certains points à des forces dix fois supérieures. Les divisions du 17e corps allaient plier et se livrer à une retraite désordonnée, quand leur chef, le général de Sonis, réunit 800 hommes de ses meilleures troupes, les mobiles des Côtes-du-Nord, 300 zouaves pontificaux sous les ordres du colonel de Charette, deux compagnies de francs-tireurs de Tours et de Blidah, et il se lança résolument à l'attaque de Loigny. Cette charge à la baïonnette, en terrain découvert, en face de la formidable artillerie prussienne, fut faite avec une telle ardeur qu'elle obligea l'ennemi à reculer dans Loigny, mais elle nous coûta des pertes énormes. Les zouaves, laissèrent sur le terrain 18 officiers et 138 soldats; les deux compagnies des mobiles des Côtes-du-Nord, 110 hommes; les francs-tireurs de Tours et de Blidah, 4 officiers et 58 hommes. Le colonel de Charette fut grièvement blessé; le général de Sonis eut la jambe fracturée; il passa

Bataille d'Artenay (3 décembre 1870).

la nuit sur le champ de bataille, la tête appuyée sur son harnachement. Le lendemain, on lui fit subir l'amputation de la jambe. Il est mort en 1887; il a demandé lui-même à reposer dans la crypte de la nouvelle église de Loigny. Le dévouement du général de Sonis sauva notre aile gauche d'une perte irréparable.

Le même jour avait lieu à *Poupry*, un peu à l'est de Loigny, un combat, dans lequel la division Martineau des Chesnez ne put refouler l'armée du prince Frédéric-Charles, malgré des prodiges de valeur.

Les échecs de Loigny et de Poupry compromettaient notre marche en avant; l'offensive devenait impossible; le général en chef dut faire rétrograder ses troupes jusqu'à ses positions fortifiées de la forêt d'Orléans.

Le 3 décembre, le prince Frédéric-Charles attaqua *Artenay*. Ce fut un gigantesque conflit; le champ de bataille s'étendait entre Artenay, Toury et Châteaudun. Nos troupes résistèrent jusqu'à la nuit des deux côtés de la route d'Artenay à Orléans. Le 4 décembre, les Prussiens, continuant leur marche en avant, arrivèrent jusqu'aux lignes fortifiées autour d'*Orléans*. Le feu de leur artillerie était si effroyable qu'au dire des témoins les décharges des canons étaient aussi fréquentes que celles des fusils. L'artillerie de marine, sous l'énergique direction du capitaine de vaisseau Ribourt, fit des efforts héroïques pour défendre jusqu'au dernier moment l'entrée de la ville. Le combat dura jusqu'à neuf heures du soir. Après minuit, Orléans fut évacuée par nos troupes, et les Allemands, conduits par le duc de Mecklembourg, y pénétrèrent de nouveau pour l'occuper jusqu'au 16 mars.

Le gouvernement, oubliant les services rendus par le général d'Aurelle, le rendit responsable de la défaite; il lui enleva son commandement et, le 7 décembre, d'Aurelle quitta l'armée, emportant dans sa retraite l'estime due à un vaillant soldat.

Le plan qui consistait à réunir l'armée de la Loire avec l'armée qui sortirait de Paris avait donc échoué; « ce fut le plus grand malheur de la seconde période de la guerre; c'est lui qui a décidé peut-être du sort de la France. Car, à aucun moment, on n'avait été aussi près de réussir que le jour où l'armée de la Loire se mit en marche pour Fontainebleau. » (CH. DE FREYCINET, *La Guerre en province*.)

Défense de Châteaudun (18 octobre 1870).

Le pillage de Châteaudun
(PAR UN TÉMOIN OCULAIRE)

La soldatesque envahit tout le quartier qui s'étend entre la station du chemin de fer et la place. En un instant, les portes sont enfoncées, les fenêtres arrachées, les habitants violentés ou contraints à la fuite. Le feu est mis ensuite à toutes ces demeures dont plusieurs ne sont pas encore abandonnées.

Les Prussiens vont méthodiquement de deux en deux maisons; ils enduisent les devantures ou les volets d'une substance inflammable et y communiquent le feu avec des bougies de campagne. De la place, on les voit courir comme de noirs démons au milieu des flammes qu'ils attisent.

Dans une humble maison, sans écouter les supplications d'une femme qui emporte sa mère âgée et paralytique, ils allument la paillasse de son lit.

Rue de Chartres, ils tuent à coups de revolver le capitaine retraité Michot et le rejettent dans les flammes où ses ossements calcinés ont été recueillis le lendemain sous mes yeux.

A cinq heures du matin, les rues de Chartres, d'Orléans, de Jallans, de Blois, du Sépulcre, n'étaient plus qu'un immense foyer d'incendie.

J'ai compté 192 maisons incendiées.

Notez que Châteaudun est une ville de 6 000 âmes et que vingt-quatre heures ont suffi pour consommer cet immense désastre. La population, calme et stoïque, a conscience d'avoir rempli un devoir patriotique et, avec cette silencieuse énergie qui la caractérise, conserve l'espoir que des jours meilleurs luiront pour cette pauvre cité à laquelle dix heures d'héroïque défense ont conquis une page immortelle dans l'histoire.

(Moniteur des 27 et 28 octobre 1870.)

Héroïsme du commandant Arago au combat du 11 octobre.

Le commandant Arago n'avait pas d'ordres. Pour lui et ses officiers, il ne s'agissait que d'arrêter l'ennemi et de se faire tuer. Il était homme à comprendre son devoir. A pied, debout au milieu de la chaussée, une canne à la main, fumant sa cigarette, il paraissait tranquille sous les balles et les boulets qui convergeaient et s'engouffraient pour ainsi dire dans la rue. Mais sur son visage pâle, ceux de ses officiers qui le connaissaient bien devinaient l'amère tristesse qu'il éprouvait à voir abandonnés devant l'ennemi tous ces hommes dont beaucoup déjà couvraient autour de lui la rue de leurs cadavres. Il se tordait les moustaches, il était inquiet. Cependant les soldats l'entendaient crier : « Courage, mes amis, en avant! » Ils l'apercevaient fier et bravant la mort; souvent ils allaient lui dire : « Mon commandant, prenez garde à vous! » On l'engageait à se rapprocher des murs. Arago écoutait, remerciait d'un geste et restait à sa place, suivant d'un regard et l'ennemi et ses troupes. Il fut frappé au cœur par une balle. Il tomba raide.

(AUGUSTE BOUCHER, Le Combat d'Orléans.)

L'armée de la Loire après la prise d'Orléans.

Pour se rendre compte de la désagrégation des troupes, il faut lire le tableau suivant que le général des Pallières a tracé des épreuves subies par ses infortunés soldats :

« Les hommes, dit-il, souffraient beaucoup dans les marches, non seulement de la fatigue, mais aussi du manque de nourriture. Un convoi de biscuit marchait bien avec nous, l'intendance ne nous laissait pas manquer de vivres, mais on ne pouvait songer à s'arrêter pour faire des distributions que la confusion des corps n'eût pas permises. Parmi les régiments placés sous mes ordres un grand nombre n'avaient pas eu le loisir, du 1er au 7 décembre, de faire cuire deux fois leurs vivres. Cependant ils avaient le plus grand besoin d'une nourriture substantielle pour les soutenir dans nos marches forcées de nuit et de jour, sans abri contre la pluie, la neige et un froid de plusieurs degrés au-dessous de zéro! Aussi qu'arriva-t-il? Les hommes jetaient la viande qu'ils ne pouvaient faire cuire et qui les surchargeait inutilement. Ils ne mangeaient plus que du biscuit et la ration de plusieurs jours était consommée en un seul. Aussi tombaient-ils dans un affaiblissement physique et moral d'autant plus pernicieux que la situation de l'armée, de jour en jour plus mauvaise, ne pouvait que s'accroître. »

(MARTIN DES PALLIÈRES.)

A la bataille de Coulmiers.

... Les mobiles de la Sarthe se déploient au premier rang sous la pluie d'obus qui tombe. Point d'infanterie qui se montre devant eux : de toutes parts de lointains canons et la mort.

Cependant sous ce feu terrible, nos batteries prennent position, nos tirailleurs se dispersent dans la plaine. On veut avancer. Un instant les rangs s'éclaircissent parmi les mobiles de la Sarthe ; un instant leur jeune bravoure s'étonne des coups implacables et multipliés dont les frappe l'artillerie bavaroise :

« Eh bien, les Manceaux! est-ce que nous allons reculer? » crie parmi eux d'une voix gaillarde un conscrit moins ému du danger que de l'honneur de sa province. Le mot passe, courageux et gai, dans tout le bataillon — les Manceaux ne reculeront pas.

Le colonel de La Tonanne les excite noblement au devoir et leurs officiers les aident par leur exemple à tenir bon sous les obus. L'un d'eux, volontaire de dix-huit ans, Paul de Chevreuse, tombe blessé à la jambe. Des hommes veulent l'emporter. « Non, non! dit l'héroïque jeune homme, marchez à l'ennemi, en avant, mes camarades! »

... Et pour s'écarter de la route, il se traîne vers un petit tertre où son frère, le duc de Luynes (tué à Loigny le 2 décembre), vint le chercher sept heures plus tard. Bientôt chacun s'est aguerri, et c'est avec la contenance de vieux soldats que les Manceaux protègent, à la droite de Cheminiers, la batterie qui va, sous leur escorte, assaillir de ses obus le parc de Coulmiers.

(AUGUSTE BOUCHER, *Récits de l'invasion.*)

Mobile, d'après Alph. de Neuville.

Reprise d'Orléans par les Allemands (5 décembre 1870).

CHAPITRE XIII

LA DEUXIÈME ARMÉE DE LA LOIRE

Après la reprise d'Orléans, le commandement fut réorganisé. On supprima le commandement général et on créa deux armées distinctes. La première, formée du 15° corps (Martin des Pallières), du 18° (Billot), du 20° (Crouzat), fut placée sous les ordres de Bourbaki. La deuxième armée composée du 16° corps (Jauréguiberry), du 17° (de Colomb) et du 21° (Jaurès), fut confiée au général Chanzy. L'armée de Bourbaki devint l'*armée de l'Est* et celle de Chanzy la *deuxième armée de la Loire*.

Le péril était imminent. Nos troupes affaiblies et complètement débandées étaient exposées à une perte presque certaine. La cavalerie allemande couvrait la campagne, rançonnant et pillant les villages ; il fallut toute l'habileté de Chanzy pour sauver le 16° et le 17° corps. Il réussit à les dégager et à battre en retraite sur Meung et Beaugency ; il appuya sa gauche sur la forêt de Marchenoir, sa droite sur la Loire en face de Beaugency et son centre à Josnes sur la route d'Orléans à Vendôme. Il fut bientôt soutenu par

La flotte française à l'ancre devant Héligoland (août 1870).

CHAPITRE XVI

LES OPÉRATIONS MARITIMES

La fortune, qui avait trahi les efforts de nos armées de terre — vieilles troupes ou jeunes recrues — n'avait pas souri davantage à nos marins. Confiant en effet dans la supériorité incontestable de notre flotte sur celle de la Confédération germanique, le gouvernement impérial avait pensé frapper un grand coup au début même de la guerre. Il avait projeté de jeter une armée de débarquement sur le littoral allemand et de porter ainsi la guerre en plein pays ennemi.

C'est à Cherbourg que se firent les préparatifs de cette campagne maritime. Mais dans les arsenaux les approvisionnements étaient insuffisants, et, malgré toute l'activité déployée, on ne put armer que sept cuirassés et un aviso. Telle fut la faible escadre que l'on confia à l'amiral Bouët-Willaumez et qui, le 24 juillet, sous les yeux de l'Impératrice, cingla vers la Baltique. L'amiral Bouët-Willaumez devait précéder de quelques jours seulement, dans les eaux allemandes, la flotte de transport de l'amiral La Roncière Le Noury, laquelle avait à bord l'armée de débarquement, forte de 30 000 hommes, effectif qu'on espérait voir doubler par l'adjonction d'un corps d'armée danois.

A peine ébauché, ce magnifique plan dut être abandonné. A la nouvelle, en effet, de nos premiers désastres en Alsace et en Lorraine, Napoléon III et ses ministres jugèrent dangereux de distraire de la défense de notre sol le moindre détachement et firent suspendre l'armement de la flotte de transport. D'autre part, le Danemark signifia sa neutralité, se contentant de manifester sa sympathie par l'octroi à notre flotte d'un point de ravitaillement dans la baie de Kioge, sur la côte orientale de l'île Seeland.

Dès lors, le rôle de l'amiral Bouët-Willaumez, privé de la plus grande partie des secours promis et attendus, se borna à la surveillance des côtes de la Baltique : besogne utile sans doute, mais fort ingrate, dont souffrit beaucoup le patriotisme des officiers et des marins de l'escadre. Les navires allemands s'en tenaient obstinément à la défensive, dans les estuaires où ils se cachaient. Impossible même d'aller les y chercher ; nos vaisseaux, en raison de leur trop fort tirant d'eau, ne pouvaient approcher

L'amiral Fourichon, ministre de la Marine.

de la côte, dont les points les plus importants étaient en outre défendus par des canons puissants. Puis avec le mois de septembre, les mauvais temps survinrent ; l'hiver s'annonça précoce et rigoureux. Ne voulant pas s'exposer à trouver le passage du Sund fermé par les glaces, l'amiral Bouët-Willaumez, triste et découragé, donna des ordres pour quitter la Baltique et rentrer à Cherbourg.

Pour assurer le blocus des côtes allemandes de la mer du Nord, une seconde escadre avait été formée, sous le commandement de l'amiral Fourichon. Dans les premiers jours d'août, elle vint jeter l'ancre au large de l'île d'Héligoland, surveillant à la fois les embouchures de l'Elbe et du Weser où se trouvent les deux grands ports de commerce de Hambourg et de Brême, et le golfe de la Jahde, avec le port militaire de Wilhemshafen.

Réduite, comme celle de la Baltique, à ses équipages strictement réglementaires, notre flotte de la mer du Nord ne put tenter aucune attaque sérieuse. Le littoral est ici bas et marécageux, et l'accès difficile, en temps ordinaire, était rendu plus difficile encore par l'enlèvement des bouées et le manque d'éclairage des phares ; on ne put même trouver de pilote pour guider la naviga-

Combat du « Meteor » et du « Bouvet », près de La Havane.

tion dans ces chenaux étroits qui conduisent au fond des estuaires, d'ailleurs défendus par des torpilles.

Mais si les cuirassés allemands ne coururent aucun danger dans ce golfe de la Jahde où, dès la déclaration de guerre, ils avaient cherché un refuge, de nombreux bâtiments de commerce furent capturés, et les négociants de Brême et de Hambourg firent des pertes sensibles, dont ils ne devaient pas manquer d'exagérer la valeur, au moment du règlement de l'indemnité de guerre. Quelque heureuses que fussent ces prises, elles n'empêchaient pas les équipages d'endurer de lourdes fatigues, provenant surtout de la nécessité où l'on se trouvait de renouveler, au mouillage en eau profonde, les provisions de vivres et de charbon, dans une mer fréquemment soulevée par de terribles tempêtes. Aussi vers le 15 septembre, l'amiral Fourichon regagnait le port de Cherbourg pour s'y ravitailler.

Appelé au ministère de la Marine par le gouvernement de la Défense nationale, l'amiral Fourichon jugea que notre flotte pouvait encore rendre des services, et l'amiral de Gueydon, avec une petite escadre, alla continuer de croiser dans les eaux de la mer du Nord, causant de nouveaux dommages au commerce allemand. Mais le blocus fut loin d'être aussi rigoureux que par le passé. La corvette cuirassée *Augusta* réussit à tromper la surveillance de nos marins et vint audacieusement se montrer dans le golfe de Gascogne où elle captura trois petits navires de commerce français ; après quoi, elle se réfugia dans le port espagnol de Vigo, où elle attendit la fin des hostilités.

Une seule fois, pendant toute la durée de la guerre, les deux marines belligérantes eurent l'occasion de se mesurer : ce fut aux Antilles, dans le combat que se livrèrent la corvette allemande *Meteor* et l'aviso français *Bouvet*. En somme, s'il ne fut pas donné à notre corps de marine de jouer un rôle brillant sur mer, il ne faut pas oublier qu'il contribua à la défense du sol français, et qu'en maintes circonstances, à Bazeilles, à l'armée de la Loire, à l'armée du Nord, au siège de Paris enfin, il montra ses habituelles qualités de bonne tenue, d'énergie et d'héroïsme.

Combat du « Meteor » et du « Bouvet ».

L'aviso *Bouvet*, commandé par le capitaine de frégate Franquet, tenait sous sa surveillance la canonnière *Meteor* dans les eaux de la Havane. Le commandant du *Bouvet* proposa au capitaine allemand une rencontre. Le cartel fut accepté, et les deux bâtiments prirent le large au jour convenu. Lorsqu'ils furent en dehors des eaux territoriales, le combat commença.

Le *Bouvet* était armé de canons de 12, en bronze, d'une puissance insignifiante ; le *Meteor*, au contraire, avait une artillerie sérieuse.

Le capitaine du *Bouvet* jugea que, dans ces conditions, un combat à coups de canon pourrait tourner contre lui, et il se décida à hâter le dénouement en abordant franchement le *Meteor*. C'est ainsi qu'il opéra.

Le choc jeta en bas la mâture du prussien, et les débris de bois et de cordes accumulés sur son arrière paralysèrent son hélice. Au moment où le *Bouvet* se préparait à un second abordage plus décisif que le premier, un boulet prussien creva un tuyau de vapeur qui immobilisa à son tour le navire français.

Celui-ci mettait à la voile pour recommencer une troisième fois son attaque par le choc, quand les juges du camp, c'est-à-dire les capitaines des bâtiments espagnols qui avaient accompagné les deux adversaires et qui étaient restés jusque-là simples spectateurs de la lutte, intervinrent en disant que les deux navires étaient rentrés dans les eaux territoriales. Le *Meteor* et le *Bouvet* regagnèrent le port.

                             (Maurice Loir, *La Marine française*.)

Défense de la porte de Longboyau (21 octobre 1870), d'après Alph. de Neuville.

CHAPITRE XVII

LE SIÈGE DE PARIS

Au milieu des vicissitudes de la guerre en province, Paris ne s'était pas abandonné et, pendant près de cinq mois, il retint l'ennemi sous ses murs.

C'est après la catastrophe de Sedan que les Allemands avaient pris la direction de la capitale.

Sur leur route, ils purent constater que la population des campagnes était très surexcitée : leurs éclaireurs furent maintes fois arrêtés par des groupes d'énergiques francs-tireurs et de courageux paysans dont la patriotique résistance provoqua de barbares exécutions; en outre, sur bien des points, les habitants avaient fait sauter les ponts et rendu les routes impraticables en arrachant les pavés.

Malgré ces entraves, dès le 17 septembre, les têtes de colonnes ennemies atteignaient le confluent de la Marne et de la Seine.

Quoique datant seulement du règne de Louis-Philippe, les fortifications de Paris ne répondaient plus aux exigences de la guerre moderne. Les forts détachés étaient à une trop faible distance de l'enceinte pour protéger efficacement la ville contre les projectiles allemands; ils étaient en outre dominés à bonne portée par des positions plus reculées.

Toutefois à la nouvelle des premiers désastres, le ministère du 9 août déploya une très louable activité pour mettre la place en état de défense, et la préparer à soutenir un siège. L'armement des forts fut complété au moyen des pièces de marine; d'immenses approvisionnements furent rassemblés. On forma la garnison des marins — troupe d'élite — non embarqués sur les bâtiments de la flotte, du 13ᵉ corps heureusement ramené de Mézières par le général Vinoy, et du 14ᵉ récemment constitué. A ce bon noyau, on

ajouta des mobiles de la province, encore inexpérimentés, la garde nationale parisienne, dont la discipline fut loin d'être toujours exemplaire. Avec quelques corps-francs, c'était une armée de 500 000 hommes dont allait disposer le général Trochu, écrivain militaire renommé, organisateur actif et méthodique, mais chef trop circonspect, manquant de cette forte volonté et de cette audacieuse

Le général Vinoy.

confiance qui font violence à la mauvaise fortune et conduisent au succès.

Cependant l'ennemi procédait à l'investissement de la capitale; déjà les positions étaient prises au nord et à l'est de la place, lorsque le général Ducrot, qui avait réussi à s'évader après Sedan, et avait été mis à la tête du 14ᵉ corps, conçut le projet de tomber sur les Prussiens en marche sur Versailles, en occupant au sud de Paris, l'important plateau de *Châtillon*.

L'affaire du 19 septembre ne répondit pas aux espérances de Ducrot.

Une soudaine panique des zouaves, jeunes soldats qui n'avaient encore des zouaves que l'uniforme, fit manquer notre offensive : nos troupes se replièrent même jusque dans l'enceinte, en abandonnant à l'ennemi des positions excellentes.

Trois jours plus tard, on s'avisait de la faute commise et ordre était donné de reprendre pied sur le plateau : ce fut le combat de *Villejuif* (22-23 septembre), marqué par l'occupation des redoutes des Hautes-Bruyères et du Moulin-Saquet, et qui releva le moral de l'armée et des Parisiens, inquiets à l'excès depuis l'insuccès de Châtillon.

Le 30 septembre, une nouvelle attaque eut lieu sur ce même front sud, dans la direction des villages de l'Hay, Chevilly, Thiais et *Choisy-le-Roi;* les troupes du général Vinoy se heurtèrent à des positions solidement défendues et l'opération fut manquée. Sans se décourager, le 13 octobre, Vinoy, renouvelant sa tentative, fit une vigoureuse démonstration sur *Bagneux* et Châtillon. Nous

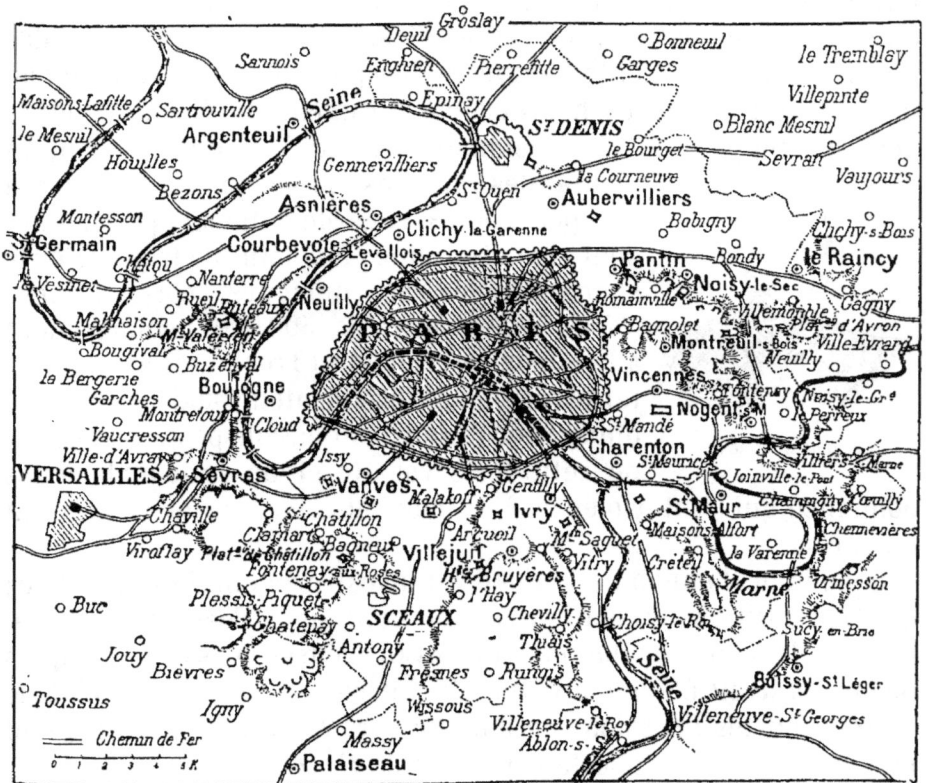

CARTE DES ENVIRONS DE PARIS

enlevâmes le village de Bagneux, où se distinguèrent les mobiles de la Côte-d'Or, ainsi que ceux de l'Aube, dont le commandant, le brave de Dampierre fut frappé à mort; mais nos soldats s'épuisèrent devant Châtillon décidément inexpugnable : force fut de battre en retraite sur toute la ligne.

Désormais, Paris était complètement bloqué et, les lignes télégraphiques étant rompues, les communications avec le dehors n'allaient plus être assurées qu'au moyen des ballons et des pigeons voyageurs.

Aussi bien les Prussiens, sentant l'impossibilité de tenter un assaut, s'étaient-ils appliqués à parfaire leurs travaux défensifs, afin de repousser plus sûrement les sorties de l'assiégé. Bientôt même leurs lignes d'investissement, à l'ouest, parurent se rap-

Zouave.

procher si audacieusement de la place, que le général Ducrot jugea opportun d'aviser, et livra, le 21 octobre, le combat de *la Malmaison*, en s'appuyant sur le Mont-Valérien. Nos troupes se comportèrent vaillamment : les zouaves du commandant Jacquot furent admirables d'impétueuse bravoure, et rachetèrent leur défaillance de Châtillon ; l'artillerie lutta avec une ténacité prodigieuse pour la défense de la porte de Longboyau. Mais les Allemands, ne cessant pas de recevoir des renforts, il fallut s'arrêter sans avoir obtenu de résultats sérieux.

Ces attaques répétées au sud de la Seine, malgré leur insuccès, ou peut-être à cause de leur insuccès, donnèrent l'idée au général Carrey de Bellemare, commandant l'un des secteurs du nord de l'enceinte, de prendre à son tour l'offensive dans cette nouvelle direction. Le 28 octobre, il jetait sur *le Bourget* les francs-tireurs de la Presse, qui se rendaient facilement maîtres du village. Les Allemands, furieux de cet échec, mirent tout en œuvre pour réoccuper ce poste avancé de leur ligne de blocus. Après une tentative infructueuse de surprise, le 28 au soir, et une

Le mont Valérien.

violente canonnade qui dura une partie du lendemain, ils s'élancèrent, le 30 octobre, à l'assaut du Bourget. La défense fut héroïque : retranchés dans les maisons, les mobiles de la Seine et les francs-tireurs de la Presse luttèrent désespérément, non sans faire des pertes sensibles ; mais le Bourget fut repris par les Allemands.

Cet échec, — coïncidant avec la nouvelle de la capitulation de Metz et l'insuccès de la mission de Thiers, chargé de solliciter l'intervention des cours de l'Europe en faveur de la France, — souleva dans Paris une poignante émotion. La colère s'unit à la

Combat du Bourget (30 octobre 1870).

douleur pour surexciter les esprits ; l'agitation grandit rapidement, et le 31 octobre éclatait une émeute qui faillit emporter le gouvernement de la Défense nationale. Quelques bataillons fidèles de la garde nationale sauvèrent Trochu et ses collègues, dont le prestige n'en fut pas moins atteint, malgré le plébiscite qui, le surlendemain, les maintint au pouvoir. Bismarck, de son côté, sut tirer parti de cette insurrection pour mettre fin aux pourparlers qu'il avait engagés avec Thiers, relativement à un armistice, et il fallut songer à continuer les hostilités.

Cette fois, il ne s'agissait plus d'une simple démonstration en vue d'inquiéter le campement ennemi. Ce qu'on voulait, c'était prendre vigoureusement l'offensive et effectuer une sortie, en rompant la ligne d'investissement. Précisément, depuis cinq semaines, le général Ducrot travaillait dans le plus grand secret à un projet dans ce sens. Il avait, en effet, fini par convaincre le général Trochu de la possibilité de percer le blocus entre le Mont-Valérien et Saint-Denis, par la presqu'île de Gennevilliers. On était à la mi-novembre, et les préparatifs de sortie étaient terminés, lorsque brusquement le projet de Ducrot fut abandonné. On venait d'apprendre dans la capitale le succès de Coulmiers. La délégation de Tours insistait pour que les assiégés donnassent la main à l'armée de la Loire victorieuse, et l'opinion publique, à Paris, était du même avis. Après examen, on se décida à tenter la sortie, vers la Marne, par les villages de *Villiers* et de *Champigny*.

Grâce à l'activité du général Ducrot, tout se trouva prêt pour le 28 novembre, et l'attaque fut fixée au lendemain. Mais, au dernier moment, un retard se produisit, — attribué sans raison à une crue subite de la Marne, — qui ne permit pas de jeter les ponts sur la rivière, et l'attaque générale n'eut pas lieu au jour convenu. Toutefois, les fausses attaques ne furent point partout contremandées, et, le 29, on se battit sur plusieurs points, notamment au plateau d'Avron, qui fut solidement occupé par les marins de l'amiral Saisset. L'éveil fut ainsi donné aux Allemands, qui s'empressèrent de renforcer leurs lignes aux abords de la Marne, si bien

Le général Ducrot.

que le 30 novembre, l'ennemi, loin d'être surpris, allait opposer une résistance invincible à l'armée française.

Le début de l'action fut pourtant plein d'espérances. D'un élan superbe, nos soldats avaient gravi les pentes, culbuté les Wurtembergeois et atteint les crêtes. Mais, lorsqu'il fallut se déployer sur le plateau, ils se heurtèrent aux murs crénelés des parcs de Cœuilly et de Villiers, d'où partait une fusillade intense et meurtrière. Trois fois, ces héroïques fantassins essayèrent d'aborder l'obstacle, trois fois ils durent se replier, laissant sur le terrain des morts nombreux, parmi lesquels le général Renault de l'arrière-garde. L'arrivée tardive de l'aile gauche de notre armée, qui, débouchant de Noisy-le Grand, devait prendre à revers les défenseurs de Villiers, avait empêché les attaques de front de réussir. Aussi, au crépuscule, devait-on s'estimer heureux de tenir encore l'accès du plateau.

Malgré les fatigues de cette rude journée, auxquelles s'ajoutèrent les souffrances d'une nuit glaciale, Ducrot ne songeait pas à reculer. Au contraire, le lendemain 1er décembre, à la faveur d'une trêve qui permit d'enterrer les morts et de relever les blessés, il travailla à se fortifier en vue de nouvelles hostilités. Les Allemands, de leur côté, avaient appelé des renforts, et, le 2 au matin, ils s'efforçaient de reprendre les positions perdues l'avant-veille. Ils se précipitèrent, comme une avalanche, sur notre armée mal gardée, qu'ils pensaient jeter à la Marne.

Mais soldats de la ligne et mobiles furent vite revenus de leur émoi; ils arrêtèrent bravement l'adversaire, reconquirent le terrain perdu particulièrement à Champigny, où l'on se battit dans

Bataille de Champigny (2 décembre 1870).

les rues, et, couronnant de nouveau les crêtes, tentèrent en vain
de déloger les Allemands de ces parcs qui les abritaient si solidement.

C'en était fait, on n'irait pas plus loin. Le 3 décembre, l'armée
de Ducrot, épuisée par cette lutte prolongée, manquant de vivres
et de munitions, torturée par une température de plus en plus
froide, repassait la Marne et
rentrait dans Paris.

Ce n'était, d'ailleurs, que
partie remise. Les Pari-
siens, supportant encore
allégrement les misères du
siège, étaient prêts à seconder toute nouvelle offensive
du général Trochu. Or,
celui-ci était décidé à mesurer son armée reconsti-
tuée avec l'infanterie prussienne, dans la plaine de
Saint-Denis. Car si la reprise d'Orléans avait fait renoncer à la
tentative de s'ouvrir un chemin vers la Loire, on pouvait espérer,
avec un succès au nord de la place, donner la main à l'armée du
général Faidherbe. En conséquence, le 21 décembre, l'amiral
La Roncière donnait le signal de l'attaque en essayant d'enlever
le Bourget. Mais barricadés dans les maisons, les Prussiens
tinrent bon, décimant nos soldats qu'ils obligèrent à se replier. Cet
insuccès rendait inutiles les efforts des troupes de Ducrot et de
Vinoy vers Groslay et Ville-Évrard.

Les marins au Bourget (décembre 1870).

Cette fois, les Parisiens se prirent à perdre espoir et à murmurer. L'armée elle-même, en proie aux rigueurs d'un hiver sibérien, n'avait plus ni force physique, ni force morale.

L'idée d'une capitulation commença à hanter les esprits.

Tout, d'ailleurs, se réunissait en ce moment pour démontrer à la population parisienne que la fin approchait. Les vivres, depuis longtemps hors de prix, se faisaient rares, et, pour prévenir une famine menaçante, on devait rationner les bouches.

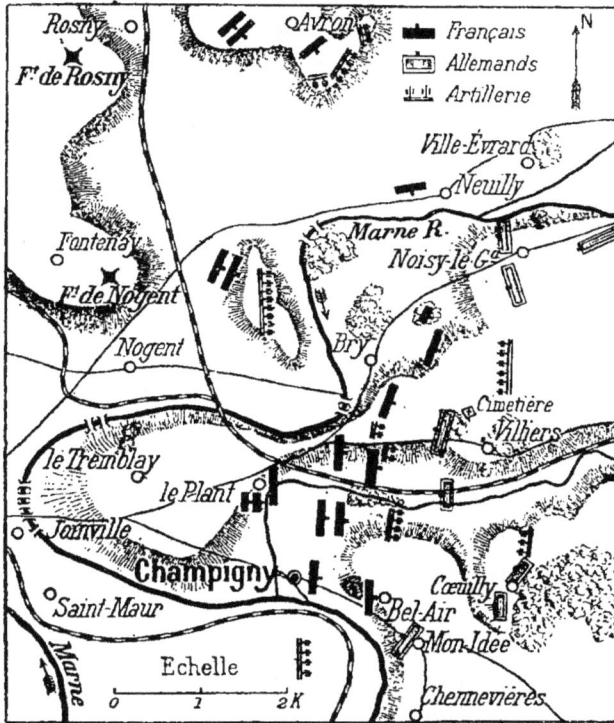

Plan de la bataille de Champigny.

D'autre part, les Allemands furieux de voir le siège se prolonger au delà de leurs prévisions, souffrant eux-mêmes beaucoup, recouraient au bombardement. Dès le 27 décembre, ils faisaient pleuvoir une grêle de projectiles sur les forts de l'Est; le 5 janvier, le feu redoublait d'intensité, et les forts du Sud, défendus par les troupes de marine, ainsi que les quartiers de Paris situés sur la rive gauche de la Seine, étaient fort maltraités.

Fallait-il assister impuissant à cette canonnade sauvage? Laisserait-on s'accomplir la destruction des remparts et des maisons sans en tirer vengeance? Les Parisiens ne le pensèrent pas, et, si la capitulation devenait nécessaire, ils étaient bien résolus, avant d'en arriver à cette douloureuse extrémité, de tenter un suprême effort, de réaliser l'*acte du désespoir*, avec le concours de tous les hommes valides de l'armée régulière et de la garde nationale.

Comme au début du siège, ce fut dans la direction de Versailles

Bombardement de Paris.

qu'on décida d'effectuer la sortie, la dernière ! Les généraux Vinoy
et Carrey de Bellemare, lançant leurs troupes à l'attaque de *Montretout* et de *Buzenval*, parvinrent à déboucher sur le plateau de
la Bergerie.

Mais lorsqu'ils voulurent pousser plus loin, ils se heurtèrent,
comme à Villiers et à Cœuilly, à des défenses préparées de
longue date d'où partait une fusillade violente, qui les contrai-
gnit de s'arrêter. Le général Ducrot, que le sol détrempé avait
retardé dans sa marche, ne put apporter à ses collègues un secours
décisif ; lui aussi s'acharna vainement à forcer le mur du parc de
Longboyau, devant lequel il perdit beaucoup de monde. Le peintre
Henri Regnault, et l'explorateur Gustave Lambert, étaient parmi
les morts.

La nuit venait, nos soldats, harassés, n'avaient plus cette volonté
et cette énergie que donne l'espérance de la victoire. Aussi le
général Trochu, accouru sur le lieu de l'action, ordonna-t-il la
retraite qui se transforma, au milieu des ténèbres, en une fuite
désordonnée et lamentable.

Tel fut ce combat du 19 janvier, honorable en somme, mais sté-
rile, dont l'issue exaspéra les Parisiens, énervés par la longueur
et les souffrances du siège. Ils rendirent Trochu responsable de
ces échecs répétés, et exigèrent sa démission. Le gouvernement
céda, et Vinoy fut investi du commandement en chef, dont il usa

A Montretout (19 janvier 1871).

pour réprimer vigoureusement la tentative d'émeute du 22 janvier.

Cependant, Paris continuait à subir le bombardement; Paris voyait approcher le jour où les subsistances feraient défaut; Paris ne mangeait plus que du pain avarié, « une pâte brune, faite de chènevis, de paille et d'avoine »; Paris apprenait la défaite des armées de province : Chanzy reculant du Mans sur Laval, Faidherbe battu à Saint-Quentin, Bourbaki arrêté devant Héricourt; Paris perdait enfin tout espoir d'être secouru. La capitulation s'imposait.

Fusilier marin.

Le 23 janvier, Jules Favre se rendait à Versailles. Il en rapportait, le 29, un armistice de trois semaines, pour la province comme pour Paris.

A la nouvelle de cet armistice, qui faisait entrevoir une paix prochaine, Gambetta, alors à Bordeaux, s'emporta.

Il aurait voulu, dans son patriotisme exalté, poursuivre la guerre à outrance. Mais autour de lui, les généraux ne partageaient pas sa confiance dans l'avenir; ses collègues du gouvernement prenaient parti contre lui. La rage dans le cœur, il se soumit et se démit. Les destinées de la France étaient désormais entre les mains de l'Assemblée élue le 8 février 1871.

Le héros de Bougival.

Le héros de Bougival.

Au mois de septembre 1870, peu de jours après l'investissement de Paris, un régiment prussien, le 46e, prend possession de la commune de Bougival. Le premier soin de nos ennemis est d'établir un fil télégraphique, reliant cette localité à Versailles, occupé par leur état-major. Le lendemain le fil est coupé.

Rétabli, il est coupé de nouveau, et ainsi de suite pendant cinq jours.

On soupçonne un jardinier de la localité. Un tel acte est passible de la peine de mort. Traduit devant une commission militaire, le jardinier doit répondre aux questions qui lui sont adressées.

— Votre nom ?
— Debergue François.
— Est-ce vous qui avez coupé nos fils télégraphiques?
— Oui, c'est moi.
— Pourquoi avez-vous fait cela?
— Parce que vous êtes mon ennemi.
— Libre, recommenceriez-vous?
— Oui.
— Pourquoi?
— Parce que je suis Français.

La peine capitale est prononcée. La nouvelle s'en répand dans Bougival et les environs. Une collecte est faite et monte à 10 000 francs qui vont être offerts comme rançon à la justice militaire prussienne. Le patriote, malgré toutes les instances dont il est l'objet, refuse cette offre généreuse : « Je ne veux pas, dit-il, de cette générosité pour me sauver la vie. Demain je recommencerais, et je ne fais que mon devoir de Français. »

Le 26 septembre, le jardinier est conduit par le peloton d'exécution dans un champ voisin de Bougival.

On l'attache avec une corde au tronc d'un arbre. L'officier, chargé de commander le feu, demande un mouchoir pour bander les yeux à ce brave qui va mourir.

— Prenez le mien, leur dit Debergue.

Une seconde après, il avait la poitrine trouée par huit balles.

Le héros de Bougival était père de plusieurs enfants.

(L'abbé LANUSSE, *L'Heure suprême à Sedan*.)

Le drame de Vaux (Ardennes).

Un sous-officier allemand avait été tué dans un engagement avec des francs-tireurs, non loin du village de Vaux. Le lendemain, une colonne ennemie arrivait; on s'empara de tous les hommes qu'on put saisir; ils étaient quarante, et on les enferma dans l'église, en les prévenant qu'ils allaient être décimés.

Le chef du détachement allemand — c'était un colonel de landwehr prussienne — tint une façon de conseil de guerre au presbytère: il pressait le curé, pour en finir, de désigner les trois plus mauvais sujets de l'endroit, qui seraient punis pour les autres.

Le curé se refusait énergiquement à cette complicité; il répondait que dans son village, comme partout, il y avait du bon, du médiocre et du mauvais, mais qu'il n'y avait aucun coupable, que personne n'avait fait le coup de feu; et le brave prêtre s'offrait lui-même en sacrifice pour ses paroissiens.

Touché de l'émotion et du dévouement de l'honnête ecclésiastique, le colonel s'écriait : « Pensez-vous,

Engagement près de Vaux.

monsieur le curé, que c'est avec plaisir que j'exécute cet ordre venu de haut? »

Dans l'embarras, les Allemands prirent un casque où ils mirent des billets, et ils le firent passer aux prisonniers, en leur disant de tirer au sort.

Que se passa-t-il entre ces malheureux enfermés dans l'église pendant soixante seize heures? Toujours est-il que trois victimes furent désignées, et un peu sans doute par un abus d'influence de quelques-uns des prisonniers.

Les trois sacrifiés, malgré leurs supplications et leurs protestations, furent conduits auprès du cimetière, où ils furent fusillés en présence du curé qui les accompagnait au supplice, et du colonel prussien, qui était auprès du curé, le soutenant au moment de la détonation.

(DE MAZADE, *La Guerre de France*.)
Librairie Plon.

L'émeute du 31 octobre.

Le 31 octobre, la foule se porta vers l'Hôtel de ville, où les maires provisoires des arrondissements et les membres du gouvernement étaient réunis.

due; il se décida donc à reprendre ses cantonnements, à quelques kilomètres en arrière.

Les Prussiens, débarrassés de l'armée du Nord, recommencèrent le bombardement de Péronne. Faidherbe attachait la plus grande importance à la possession de cette ville. Si l'ennemi s'en emparait, il empêchait notre armée de passer sur la rive gauche de la Somme, et il pouvait envoyer contre elle toutes les forces qu'il avait dans le Nord. Aussi, quand Faidherbe eut, pour la troisième fois, reconstitué son armée, quand il l'eut convenablement équipée et pourvue d'abondantes munitions, il résolut de marcher de nouveau au secours de la ville assiégée.

Il avait déjà fait réoccuper Bapaume le 9 janvier, lorsqu'il apprit le 10 la capitulation de *Péronne* et son occupation par les Prussiens.

Obligé de changer de plan, Faidherbe songeait à se porter vers Amiens; mais M. de Freycinet lui donna l'ordre d'attirer à lui la plus grande partie de l'armée qui bloquait Paris, ou, tout au moins de l'empêcher de recevoir aucun secours.

Il lui laissait, du reste, toute liberté pour le choix des moyens.

Ce mouvement était prescrit dans le but de faciliter la sortie que préparaient les Parisiens.

Étant dans l'impossibilité de forcer les passages de la Somme, Faidherbe dut se diriger vers la vallée de l'Oise et opérer une marche parallèle aux forces allemandes, le long de la vallée de la Somme, afin de tâcher d'arriver au sud de Saint-Quentin. L'ordre de marche fut donné le 16 janvier.

Les Allemands, commandés par Von Gœben, successeur de Manteuffel, qui venait d'être appelé à la direction des opérations dans l'Est, ne se rendirent pas compte tout d'abord de l'opération tentée par Faidherbe; mais bientôt ils se mirent à l'inquiéter, à le harceler. Ils l'attaquèrent le 18 à *Vermond* et lui firent perdre plus de 500 hommes.

L'escarmouche de Vermond était une preuve que l'ennemi avait opéré sa concentration. Faidherbe ne pouvait plus, sans livrer bataille, ni tenter une marche vers le Nord afin d'aller s'appuyer aux places fortes, ni continuer son mouvement vers la vallée de l'Oise. Il fallut accepter le combat autour de *Saint-Quentin*.

Par une heureuse coïncidence, c'était le jour même où l'armée de Paris livrait la bataille de Buzenval, le 19 janvier. Le combat eut lieu sur les deux rives de la Somme. Nos troupes opposèrent

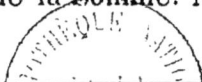

une vive résistance; mais les Prussiens avaient un nombre de canons beaucoup plus considérable, et à chaque instant ils recevaient des troupes fraîches amenées de Paris sur le champ de bataille par le chemin de fer. Néanmoins, la lutte se prolongea jusqu'à la nuit, et ce ne fut qu'au dernier moment, quand la situation devint trop périlleuse, que Faidherbe donna l'ordre de battre en retraite sur les places du Nord. L'ennemi, avec un peu plus d'audace, aurait pu lui couper ses communications; mais il avait besoin lui-même de se réorganiser, et il resta cantonné à Saint-Quentin.

Cette bataille nous coûtait 3 000 hommes hors de combat et 7 à 8 000 disparus, dont beaucoup, il est vrai, rejoignirent l'armée quelques jours plus tard. Les Allemands, de leur côté, perdirent 96 officiers et 2 300 hommes environ.

En quittant Saint-Quentin, l'armée du Nord se retira autour des villes de Cambrai, Douai, Valenciennes, Arras et Lille. Reconstituée aussi rapidement que possible, elle était en état de reprendre la campagne dès le 12 février; mais l'armistice vint mettre fin à la lutte.

Anatole de La Forge, préfet de l'Aisne.

L'armée du Nord, comme l'armée de la Loire, a puissamment contribué à rétablir l'honneur du drapeau. Elle eut à supporter des épreuves vraiment inouïes; aussi Faidherbe, en cantonnant ses soldats dans les places du Nord, avait-il raison de leur dire : « Ce que vous avez souffert, ceux qui ne l'ont pas vu ne pourront jamais l'imaginer, et il n'y a personne à accuser de ces souffrances, les circonstances seules les ont causées. »

L'ennemi lui-même n'a pas ménagé son admiration; il a toujours professé pour le général Faidherbe la plus sérieuse estime, et les récits populaires allemands ne prononcent son nom qu'avec respect.

Défense de Saint-Quentin, le 8 octobre.

M. Anatole de La Forge, nommé préfet de l'Aisne par le gouvernement de la Défense nationale, avait transporté le siège de la préfecture à Saint-Quentin, le chef-lieu, Laon, étant occupé par les Prussiens. Homme d'une bravoure éprouvée, d'un talent viril et d'un caractère chevaleresque il avait fait connaître, dès son arrivée, à la commission municipale, son programme qui tenait dans un mot : *résistance*.

Dès ce moment la ville se préparait à la défense : on faisait sauter les ponts, on construisait des barricades; la garde nationale était pleine d'ardeur. Le

Défense de Saint-Quentin (8 octobre 1870).

8 octobre était jour de marché; la ville paraissait remuante comme à l'ordinaire. Le temps était sombre, froid.

A dix heures, le tocsin se mit à sonner à grande volée. On battait la générale. Les Prussiens étaient à 2 kilomètres de la ville. Favorisés par la brume et cachant leur marche à travers les bois, ils étaient arrivés aux postes du faubourg sans être aperçus. Les boutiques se ferment précipitamment; les hommes courent prendre leurs fusils et se portent aux lieux de rassemblement. La générale redouble. On entend déjà la fusillade; c'est la première barricade du faubourg qui est attaquée.

Le préfet, M. Anatole de La Forge, arrive alors, un revolver d'une main, une épée de l'autre; il encourage les hommes: « Allons, mes enfants, au devoir ! » Les gardes nationaux se portent aux meurtrières de la barricade et tirent sur les Allemands qui s'avancent en bon ordre. Sous la fusillade, les Allemands se replient dans les petites rues transversales. Le feu continue; les Prussiens tombent, mais ils n'abandonnent pas l'attaque. Ils reviennent à la charge avec fureur. Pendant deux heures on tire de part et d'autre. Quelqu'un parle un moment de se rendre. Le préfet demande aux gardes nationaux qui l'entourent s'ils y consentaient? *Comment ça*, répondit l'un d'eux, *voilà qu'on commence seulement à s'échauffer.*

Il était deux heures; les Prussiens enlevaient leurs morts et leurs blessés; ils semblaient abattus. Bientôt ils allaient faire sonner la retraite et se retirer en incendiant un moulin, à défaut d'autre demeure.

(J. CLARETIE, *Histoire de la Révolution de 1870.*)

Pillage d'Étrépagny par les Prussiens.

A Étrépagny, en Normandie, le 30 novembre, sur l'ordre de leurs chefs, les Saxons enfoncent les portes, se saisissent des habitants atterrés et les entraînent hors de la ville à coups de plat de sabre et le pistolet sur la gorge; d'autres, munis de tampons de foin qu'ils imbibent de pétrole, mettent le feu aux maisons et n'épargnent même pas l'ambulance où ont été soignés leurs blessés. Quelques habitants réussissent à sauver leurs demeures, mais ils n'y parviennent qu'en graissant la patte à ces incendiaires. Une soixantaine d'habitations, plusieurs fermes avec leurs récoltes deviennent la proie des hommes; des chevaux de culture, amenés dans les rues, sont éventrés à coup de baïonnette avec une sauvagerie dont les Bavarois eux-mêmes se fussent étonnés. Vers quatre heures, quand ils voient l'embrasement complet, les Saxons reprennent le chemin de Gisors, après avoir pris l'infernale précaution de briser les pompes à incendie, comme pour enlever à leurs victimes jusqu'à la moindre lueur d'espérance.

(ROLIN, *La Guerre dans l'Ouest*.)
Librairie Plon.

Portrait de Faidherbe.

Le général Faidherbe.

Le général Faidherbe, né à Lille, avait cinquante-trois ans en 1870; il était vigoureux, nerveux et sec. Ce qui donnait à sa physionomie militaire un caractère tout particulier, c'était un mélange curieux de géographe et de militaire, de savant et de soldat. Il avait fort peu habité la France. Au sortir de l'Ecole polytechnique et de l'Ecole d'application de Metz, il fut envoyé en Afrique en qualité d'officier du génie, puis il partit pour la Guadeloupe, les Antilles, le Sénégal. Soldat énergique, d'une intrépidité élégante, il était colonisateur. Durant quatre ans, tout en combattant les Maures ennemis de notre influence, il installe des comptoirs, des télégraphes, des forts. Il a été véritablement le fondateur de la puissance française au Sénégal.

(D'après CLARETIE, *Histoire de la Révolution de 1870*.)

Ordre du jour de Faidherbe à ses soldats.

SOLDATS,

C'est un devoir impérieux pour votre général de vous rendre justice devant vos concitoyens; vous pouvez être fiers de vous-mêmes, car vous avez bien mérité de la patrie.

En moins d'un mois vous avez livré trois batailles à un ennemi dont l'Europe entière a peur; vous lui avez tenu tête, vous l'avez vu reculer maintes fois devant vous, vous avez prouvé qu'il n'est pas invincible et que la défaite de la France n'est qu'une surprise amenée par l'ineptie d'un gouvernement absolu.

Les Prussiens ont trouvé dans de jeunes soldats à peine habillés et dans des gardes nationaux des adversaires capables de les vaincre. Qu'ils ramassent nos traînards et qu'ils s'en vantent dans leurs bulletins, peu importe! Ces fameux preneurs de canons n'ont pas encore touché à une de vos batteries. Honneur à vous! Quelques jours de repos, et ceux qui ont juré la ruine de la France nous retrouveront devant eux.

Le général commandant en chef l'armée du Nord.
Signé : FAIDHERBE.

Garibaldi en voiture sur le champ de bataille.

CHAPITRE XV

LA GUERRE DANS L'EST

Nos premières défaites en Alsace et en Lorraine avaient laissé les départements de l'Est exposés sans défense à l'invasion des Prussiens. De bonne heure, cependant, des corps francs, composés de volontaires, s'organisèrent pour harceler l'ennemi et le gêner dans ses communications, mais leur action était paralysée par le manque de direction. Afin de leur donner plus d'unité, plus de cohésion, le gouvernement de la Défense nationale envoya dans l'Est le général Cambriels. C'était un échappé de Sedan où il avait reçu à la tête une blessure extrêmement grave. Il déploya la plus grande activité, la plus grande énergie dans la tâche difficile qu'on lui avait confiée. Il réussit à constituer une armée de 40 000 hommes environ avec laquelle il se proposa de défendre les défilés des Vosges et d'empêcher l'ennemi de déboucher dans la vallée de la Saône. Mais ses soldats manquaient à peu près de tout. Leurs armes étaient de modèles très variés; les approvisionnements étaient très insuffisants. L'ennemi au contraire disposait de ressources considérables et il allait envoyer contre Cambriels le

général Werder, dont le corps d'armée venait de prendre Strasbourg. Aussi après plusieurs combats livrés dans les massifs vos-
giens et dans lesquels nos jeunes conscrits firent preuve d'une
bravoure digne d'un meilleur sort, le général Cambriels jugea qu'il
était indispensable pour éviter un désastre complet de se retirer
vers le Sud, tandis que les routes traversant les Faucilles étaient
encore libres et le 11 octobre il donna l'ordre de battre en retraite
sur Besançon. Il fallut marcher avec une rapidité extraordinaire
pour échapper à l'ennemi qui ne cessa pas ses poursuites ; aussi
quand l'armée des Vosges arriva sur les positions qui lui étaient
assignées, elle était dans le plus triste état
et réduite de moitié par suite des maladies
et des désertions nombreuses.

En apprenant la retraite de Cambriels, Gambetta partit pour Besançon. Il approuva toutes
les mesures prises par le général et lui donna
la promesse formelle que tous les approvisionnements nécessaires lui seraient rapidement expédiés.

Voulant justifier la confiance de Gambetta,
Cambriels fit les efforts les plus louables pour
fondre ensemble les divers éléments qu'on lui

Francs-tireurs.

donna : troupes régulières, corps francs, mobiles, et il parvint
ainsi à constituer une véritable armée de 25 000 hommes.

Il se disposait à prendre l'offensive, à tenter de couper les communications de l'ennemi avec l'Allemagne, quand il fut obligé
d'abandonner le commandement; sa blessure s'était rouverte et
lui causait des souffrances atroces. Le gouvernement lui donna
pour successeur le général Michel, qui fut bientôt lui-même remplacé par le général Crouzat.

Crouzat avait été le collaborateur de Cambriels ; comme lui, il
croyait son armée capable de prendre l'offensive, surtout depuis
qu'elle avait été grossie par l'arrivée de contingents nouveaux. Il
voulait empêcher la marche en avant du général Werder; mais,
au moment d'agir (15 novembre), il reçut de M. de Freycinet une
dépêche lui enjoignant de se porter immédiatement sur la Loire
où la présence du prince Frédéric-Charles nécessitait un effort considérable. Le général Crouzat s'empressa de renvoyer 15 000 hommes à Lyon pour renforcer la garnison de cette ville et avec 40 000
il prit la direction de Gien.

Après le départ du général Crouzat, les Allemands purent établir des communications faciles entre leurs divers corps d'armée, et ils ne furent arrêtés dans leur marche audacieuse vers le Sud-Ouest que par les corps francs et par les troupes qu'on venait de placer sous les ordres de Garibaldi.

Le célèbre chef d'aventuriers était venu offrir son épée au gouvernement de la Défense nationale, acquittant ainsi dans une certaine mesure la dette de l'Italie à l'égard de la France. Mais en 1870, Garibaldi avait soixante-trois ans, il était goutteux, souvent malade ; de plus il dirigea toujours avec une indépendance absolue les hommes qu'il commandait, ne cherchant pas à faciliter ou à seconder les opérations des généraux français. Néanmoins il faut lui tenir compte de ses intentions et ne pas oublier que Garibaldi n'a pas hésité à venir au secours de la France, alors que nous étions abandonnés par tout le monde. Il fut d'abord posté à Dôle entre Besançon et Dijon ; il réunit autour de lui

Dijon.

une dizaine de mille hommes environ, malgré la répugnance qu'éprouvaient nos soldats à servir sous les ordres d'un étranger.

Pendant que Cambriels reconstituait son armée à Besançon et que Garibaldi prenait position à Dôle, le général Werder, franchissant les Faucilles, s'était avancé dans la vallée de la Saône et était venu occuper *Dijon* le 30 octobre. La ville fut énergiquement défendue par le colonel Fauconnet, qui tomba percé de balles ; mais la municipalité comprenant que toute résistance était impossible donna l'ordre de cesser le feu ; nos troupes se replièrent sur Beaune, et l'ennemi entra dans Dijon qui dut s'engager à fournir des vivres pour 20 000 hommes. Maître de cette ville, Werder pouvait surveiller les communications entre Orléans et Belfort, il pouvait marcher sur Lyon et couper la retraite à l'armée qui occupait Besançon et au corps de Garibaldi. Heureusement il ne sut pas profiter de son succès, et Crouzat put sans trop de difficultés se porter sur la Loire. Quant à Garibaldi, qui, malgré les instances pressantes de Crouzat, n'avait rien fait pour protéger Dijon, il se dirigea vers Autun afin de défendre le Morvan et de couvrir Nevers.

Tout en remplissant la mission qui lui était confiée, Garibaldi
ne cessait de harceler l'ennemi, en lançant autour de lui des
colonnes légères. L'une d'elles, conduite par son fils Ricciotti
Garibaldi, vint surprendre le 13 novembre la ville de *Châtillon-
sur-Seine* et infligea aux Prussiens des pertes cruelles. Encouragé
par ce succès Garibaldi projeta de les chasser de Dijon. Il espérait

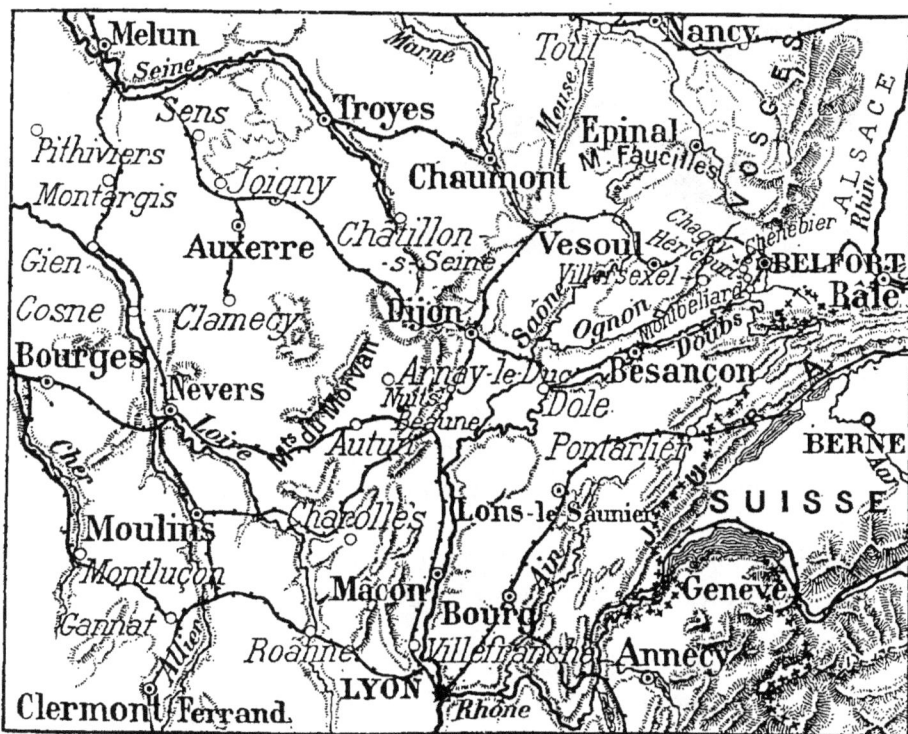

L'EST DE LA FRANCE

être secondé dans cette opération par un corps de troupes que le
gouvernement avait donné au général Crémer, avec ordre de protéger la vallée de la Saône et de contenir l'ennemi au-dessous de
Dijon. De plus, les nombreux corps francs qui tenaient le pays,
pouvaient en même temps que lui opérer une marche concen-
trique vers Dijon. Mais l'accord était loin d'exister entre ces divers
chefs qui entendaient rester maîtres de leurs mouvements, et les
troupes de Crémer n'étaient pas encore suffisamment organisées
pour combattre. Toutefois, Garibaldi persista dans son projet, et
le 26 novembre il vint attaquer les Allemands aux portes de

La brigade Ricciotti s'empara d'un drapeau ennemi (13 novembre 1870).

Dijon. Il fut repoussé, et ses divisions en déroute s'enfuirent sur *Autun*, serrées de près par l'ennemi. Dès son arrivée Garibaldi organisa la défense. Les Allemands qui ne s'attendaient qu'à une résistance médiocre ne prirent aucune précaution, ils furent refoulés avec perte le 1er décembre ; ils se disposaient à recommencer l'attaque le lendemain quand un ordre de Werder les rappela à Dijon.

Ce brusque changement était motivé par un échec que le général Werder avait essuyé en personne, le 30 novembre. Dans une reconnaissance qu'il dirigeait vers Beaune, il avait été assailli par la brigade Crémer, composée de 4 500 hommes, et obligé de livrer un combat à *Nuits*. Chassé de cette ville, il jugea indispensable de se renforcer à Dijon et de rallier toutes les troupes dont il pouvait disposer.

Soldat du génie.

Poursuivant ses succès, Crémer, qui venait d'apprendre la défaite de Garibaldi à Dijon, résolut par un coup d'audace de couper la retraite à la brigade allemande qui avait été lancée sur Autun. Il vint l'attaquer le 3 décembre près d'*Arnay-le-Duc*, lui fit perdre 160 hommes, mais il ne put l'empêcher de rentrer dans Dijon.

Lui-même se replia sur Nuits afin d'y reconstituer ses forces et de mettre la ville en état de défense.

Il reçut des secours assez importants, venus de Lyon, qui portèrent son armée à 12 500 hommes. Pendant quelques jours les opérations languirent, mais au milieu de décembre le général Werder se décida à prendre l'offensive. Il envoya dans la direction de Beaune une division badoise forte de 14 000 hommes et de 6 batteries. Elle était sous les ordres du général de Glümer. Elle vint se heurter à *Nuits* contre les troupes de Crémer et un violent combat s'engagea le 18 décembre. Nos jeunes soldats soutinrent la lutte toute la journée avec une grande vigueur, malgré l'infé-

Garibaldi.

riorité du nombre et surtout de l'artillerie. Les mobiles de la Gironde, sous les ordres de Carayon-Latour, et les mobilisés de la 1re légion du Rhône se couvrirent de gloire. L'ennemi prit néanmoins possession de la ville, mais il ne put la conserver tant ses pertes avaient été grandes. Le général de Glümer, le prince de Bade et plusieurs officiers supérieurs furent mis hors de combat. Les Badois rentrèrent dans leurs cantonnements de Dijon. Quant à Crémer, il se replia sur Beaune. Son intention était de reprendre l'offensive, mais le gouvernement lui donna l'ordre de rester dans ses positions et d'y attendre l'arrivée du général Bourbaki qui allait reprendre l'opération considérable sur laquelle on fondait tant d'espérances et qui aboutit, hélas ! à une épouvantable catastrophe.

Après les combats qui furent suivis de la reprise d'Orléans par les Prussiens, le gouvernement avait divisé, nous l'avons vu, l'armée de la Loire en deux : la deuxième armée de la Loire qui fut donnée à Chanzy et qui soutint si brillamment l'honneur du drapeau, et la première armée de la Loire, composée des 15e, 18e et 20e corps, dont le commandement fut confié au général Bourbaki. Cette armée, ramenée à Bourges, fut réorganisée.

On lui envoya 20 000 hommes de renfort, on compléta son artillerie et on se décida à lui faire prendre l'offensive.

Chanzy demandait qu'on ramenât sur la Loire l'armée de Bourbaki afin de le dégager un peu en obligeant le prince Frédéric-Charles à diviser ses forces, mais M. de Freycinet proposa un autre plan qui consistait à diriger dans l'Est les forces de Bourbaki, afin de forcer l'ennemi à lever le siège de Belfort et de lui couper ses communications avec l'Allemagne. Ce premier résultat obtenu, Bourbaki devait se concerter avec Faidherbe pour tenter une action du côté de Paris. Toutes les forces que nous avions dans l'Est devaient coopérer à ce mouvement grandiose. Garibaldi, Crémer et le général Bressolles avec le 24ᵉ corps, chargé jusque-là de la défense de Lyon, s'uniraient à Bourbaki ou couvriraient ses opérations. Ce plan fut adopté et la première armée de la Loire devint l'armée de l'Est.

Pour réussir, il fallait opérer avec la plus grande rapidité. Le mouvement commença le 20 décembre. L'armée devait être transportée par chemin de fer, mais il se produisit un encombrement considérable ; les troupes stationnèrent sur certains points pendant trois ou quatre jours et par un froid de 12 à 15°. Les approvisionnements de l'intendance furent arrêtés sur des points éloignés du théâtre des hostilités.

Ce ne fut que le 5 janvier, quinze jours après le premier départ de Bourges, que les divers corps furent concentrés autour de Besançon.

Le général Crémer.

L'armée de l'Est se composait à ce moment-là d'environ 140 000 hommes et possédait 400 bouches à feu. Son flanc gauche devait être couvert par la division Crémer, et sa droite allait être protégée par Bressolles et le 24ᵉ corps.

Dès que le général Werder s'aperçut de notre mouvement, il s'empressa d'évacuer Dijon et de concentrer ses forces près de Vesoul. Bourbaki se proposa de le déloger de cette position en s'emparant de Villersexel, et de le couper de ses communications avec Belfort.

La marche de nos troupes ne put s'opérer qu'au prix de mille difficultés ; le froid était excessif, les routes étaient couvertes de verglas, les chevaux d'artillerie tombaient tous les quatre pas, il fallait les relever, ils retombaient ; on les relevait, ils retombaient encore, et cela durant toute la journée. Rien ne montre mieux les rudes conditions dans lesquelles s'opéra cette campagne de l'Est que le passage de l'Ognon. Le 18ᵉ corps put franchir cette rivière sur la glace qui avait 0ᵐ,15 à 0ᵐ,20 d'épaisseur.

L'attaque de *Villersexel* eut lieu le 9 janvier. L'ennemi avait construit partout des retranchements ; les maisons étaient crénelées, de formidables batteries étaient installées sur les points culminants. Le village de Villersexel fut pris et repris, mais resta définitivement entre nos mains. Ce fut un succès inutile ; Bourbaki obligé d'attendre ses approvisionnements ne put empêcher Werder de gagner Héricourt et Belfort, où il vint se réunir au général de Treskow qui assiégeait depuis plus de deux mois cette héroïque cité. Le 14, Bourbaki vint s'établir devant Héricourt. S'il réussissait à s'en emparer, il faisait lever le siège de Belfort et pouvait s'avancer dans la direction de Paris.

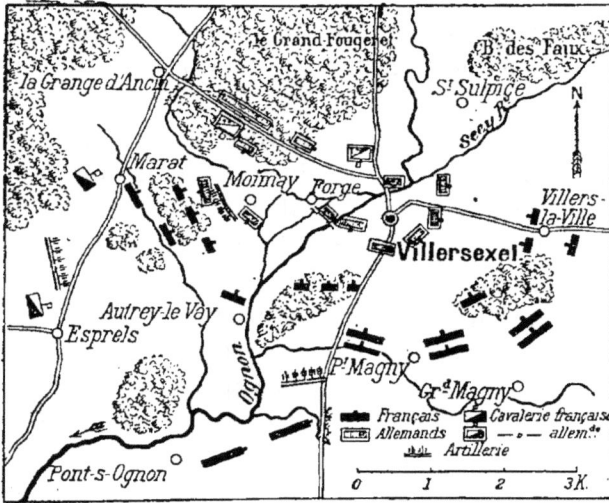

Plan de la bataille de Villersexel.

C'est sur les bords de la Lisaine, à 12 kilomètres de Belfort, et tout autour des villages de Chagey, *Héricourt*, Chénebier, que se livrèrent les glorieux ·combats des 15, 16 et 17 janvier. Nos soldats, dans la première journée, luttèrent sans désavantage, mais le mauvais état des routes ne permit pas au 18e corps et à son intrépide commandant, le général Billot, d'effectuer le mouvement tournant qu'on lui avait prescrit.

La nuit du 15 au 16 fut terrible à passer. « Ce fut, dit le correspondant d'un journal anglais, la plus rude nuit que nous ayons eue, et il serait impossible de donner la moindre idée de nos horribles souffrances. Les Prussiens étaient distants de nos avant-postes de 800 mètres seulement et nonobstant cette proximité, et en opposition avec toutes les règles militaires, nous allumâmes des feux avec autant de fagots, — tous de bois vert — que nous pûmes nous en procurer. Autour de ces feux se confondaient, sans distinction de rang, généraux, officiers et soldats et jusqu'à des chevaux, également désireux tous de ne pas mourir de froid. Le thermomètre marquait 18° au-dessous de zéro ; un fort vent aigu soufflait sur le plateau, chassant devant lui des nuages de · neige, nous aveuglant et formant autour des hommes des petits tas dans lesquels ils étaient enfoncés jusqu'aux genoux. Assis sur nos havresacs, nous passâmes la nuit avec les pieds dans le feu, espérant conserver ainsi notre chaleur vitale.» Pour comble de malheur, les approvisionnements ne purent arriver sur plusieurs points et la division Crémer n'eut rien à manger pendant trente-six heures.

L'attaque recommença le 16. A droite et au centre toutes nos positions furent maintenues. A gauche, la division Crémer et une partie du 18e corps obligèrent l'ennemi à reculer ; le général Billot exprima sa surprise pour la fermeté et la bravoure des régiments de mobiles qui avaient résisté pendant sept heures à un feu des plus violents.

Le 17, Bourbaki ordonna une attaque générale contre le front des ennemis, mais elle ne put réussir, l'artillerie fit dans nos rangs des ravages épouvantables. Il fallut reculer. La retraite était d'ailleurs rendue nécessaire par l'arrivée du général Manteuffel, qui apparaissait subitement sur les derrières de l'armée et se portait librement sur Dôle pour couper nos communications avec Lyon.

Pendant que Bourbaki commençait sa retraite, une brigade détachée de l'armée de Manteuffel se dirigea sur Dijon où elle se trouva aux prises avec les garibaldiens. L'attaque commença le 21 et se renouvela le 22 et le 23. Garibaldi, quoique souffrant, se fit conduire en voiture sur le champ de bataille et entraîna ses soldats par son exemple. Les Prussiens furent contenus ; la brigade Riccioti s'empara même d'un drapeau ennemi.

Le combat de *Dijon* n'empêcha pas d'ailleurs le gros des forces prussiennes d'occuper le pays au sud de Besançon, de détruire le chemin de fer et de couper la retraite sur Lyon à notre malheureuse armée de l'Est. Bourbaki donna l'ordre alors de se diriger sur Pontarlier ; c'était une faute ; car, enfermée entre l'armée prussienne et la frontière, l'armée de l'Est serait fatalement ou prisonnière de guerre ou obligée de passer en Suisse. Le gouvernement essaya de faire revenir Bourbaki sur la décision qu'il avait prise, mais il persista dans sa détermination et le 26 janvier, l'armée prit le chemin de Pontarlier. Le soir du même jour, Bourbaki, profondément découragé et ne voulant pas infliger à son armée le sort de l'armée de Metz, tenta de se suicider en se tirant un coup de pistolet dans la tête. Il fut remplacé par le général Clinchant, qui commandait déjà le 20e corps.

Clinchant continua la retraite sur Pontarlier, toujours poursuivi par l'armée prussienne. Il espérait se sauver vers le Sud, gagner Bourg et rentrer à Lyon, quand le 29 il reçut l'ordre de cesser les hostilités, conséquence de la signature d'un armistice. Par suite d'une fatale erreur, la dépêche de Jules Favre annonçant la conclusion de l'armistice ne faisait pas connaître à Gambetta que les opérations devaient continuer dans l'Est jusqu'à ce qu'on fût informé de la situation des belligérants.

Tandis que Clinchant exécutait avec une entière bonne foi les ordres du gouvernement, les Prussiens, mieux instruits des termes de la convention, continuèrent leur marche en avant et s'emparèrent de toutes les routes. Il ne restait plus à notre armée qu'à passer en Suisse; c'est ce qu'elle fit au commencement de février, après avoir livré encore plusieurs engagements dont quelques-uns furent très meurtriers.

Le général Clinchant.

La Suisse se montra généreuse pour nos soldats; partout ils furent bien accueillis et bien traités. La France a contracté une dette de reconnaissance à l'égard de cette république voisine, qui n'a d'ailleurs cessé d'entretenir avec nous les rapports les plus amicaux.

Comme l'armée du Nord, comme l'armée de Chanzy, l'armée de l'Est a bien mérité de la patrie. Les soldats qui la composaient ont supporté des souffrances vraiment horribles. Depuis leur entrée dans le département du Doubs, la température fut très rigoureuse et le froid devint tout à fait intense quand ils s'élevèrent dans les montagnes du Jura. Nos canonniers, nos fantassins, campèrent dans la neige; tous rivalisèrent d'ardeur, soutenus par l'amour de la patrie. Honneur donc à la brave armée de l'Est!

Retraite de l'armée de Cambriels.

Le froid et le besoin de sommeil s'étaient fait sentir d'une manière cruelle; à chaque halte les officiers étaient contraints d'employer la force contre les hommes qui ne pouvaient résister à la fatigue, et se couchaient à terre là où ils s'arrêtaient. Quelques-uns dormaient en marchant, tombant au moindre obstacle que leur pied rencontrait. Le général souffrait cruellement de sa blessure; la neige, accumulée sur son képi et coulant en eau glacée sur sa tête, lui causait des douleurs tellement vives qu'au Tholy il fut obligé de s'arrêter et s'enferma pour pouvoir se plaindre sans témoins.

(*Les Vosges en 1870*, par un ancien officier de chasseurs à pied.)

Passage de l'armée française en Suisse (février 1871).

Le passage de l'armée française en Suisse.

Ce n'était plus une armée, c'était une cohue : les officiers ne commandaient plus et marchaient en sabots, en pantoufles, au milieu des soldats sans chaussures, qui déchiraient des pans d'habits pour emmailloter leurs pieds gelés, et cette neige implacable, qui était tombée sur eux tout l'hiver, s'amassait maintenant sous leurs pieds en poussière glacée où ils s'enfonçaient jusqu'aux genoux. Ils se traînaient ainsi confondus, dragons, lanciers, spahis, turcos et zouaves, mobiles et francs-tireurs, grands manteaux rouges ou blancs, cabans marron, pantalons garance, vareuses bleues, toutes les coiffures du monde, depuis le fez arabe jusqu'au béret béarnais, tous les dialectes, les accents de France, depuis le vieil idiome de l'Armorique jusqu'aux cris stridents de l'Atlas et du désert : un tumulte de langues, de couleurs et surtout de misères; car cette multitude en fuite, exténuée par un ou deux jours de jeûne, venait de bivouaquer plusieurs nuits dans la neige par 15° de froid! Les traînards surtout serraient le cœur : ces pauvres mobiles, tout jeunes, des enfants trop frêles pour porter le fusil, et jetés tout à coup en un pareil hiver dans les montagnes!... Nous avons vu entrer en Suisse les adolescents qui sortaient de ces épreuves; ils vivaient encore, mais décharnés, tremblants de fièvre, les yeux enfoncés et ternes; ils marchaient encore d'un mouvement machinal, sans savoir où ils allaient; ils regardaient mais sans voir; ils se laissaient abattre par l'ennemi qui, de loin, par derrière, jusqu'à la dernière heure, sans un éclair de pitié, tirait sur eux; les obus, partant de batteries invisibles, passaient par-dessus la montagne et venaient éclater sur la route. Ainsi défilait cette lugubre procession de corps inertes avec la stupeur et l'égoïsme du désespoir, abandonnant leurs morts, leurs mourants, s'abandonnant eux-mêmes, refusant parfois la vie que vous veniez leur rendre, vous disant, quand vous leur tendiez une gourde : « Laissez-moi tranquille. — Mais que voulez-vous donc ? — Je veux mourir ! »

(Marc Monnier, *Revue des Deux Mondes*.)

La charité suisse envers les soldats français.

Les populations de la Suisse furent admirables avec nos soldats. Nous ne pouvons rappeler qu'en courant les secours qu'ils trouvèrent partout, les bains qu'on leur faisait prendre, les linges, les vêtements, les chaussures qu'ils recevaient de toutes mains, leur installation dans les établissements publics, leur repas de chaque jour, ces tranches de viande qui étonnaient si fort les inspecteurs français, la douceur, la patience des officiers fédéraux qui commandaient nos soldats, le zèle des médecins suisses qui, seuls, ont traité nos malades. Dès la première heure, la foule bordait les routes, les mains pleines de cigares, de vivres, de liqueurs ; au Val de Travers, où il n'y avait pas de locaux disponibles pour recevoir tant de gens, la population ouvrit toutes ses portes, les granges, les écuries, les maisons furent remplies de Français. Il y aurait des volumes de traits touchants à citer. Ici, c'est une vieille blanchisseuse livrant son unique chambre à six hommes et passant la nuit dans sa cuisine à laver et à sécher leur linge pour le lendemain. Là, c'est une pauvre femme qui rencontre, étendu sur la route, un blessé dont les pieds gelés sont nus ; elle ôte ses souliers et ses bas et elle les lui donne, puis se remet en chemin, nu-pieds dans la neige. C'est ce fermier qui, à lui seul, loge chez lui, pendant une nuit, cinquante chevaux et sept cents hommes. A Lausanne, des groupes d'hommes et de femmes stationnaient sur les quais du chemin de fer, avertis d'avance du nombre de soldats valides, malades ou blessés qui devaient traverser la gare. Pendant les cinq minutes d'arrêt, les portières étaient littéralement assaillies par de braves gens qui offraient en courant du pain, du vin, des tasses de soupe, des cigares, des bibles, des mouchoirs de poche.

Tout le monde s'en mêlait avec une humanité charmante.

(Marc Monnier, *Revue des Deux Mondes*.)

la division Camô, envoyée de Tours et composée de 12 000 combattants. Les Allemands du duc de Mecklembourg et les Bavarois de Von der Tann, qui croyaient n'avoir plus affaire qu'à des fuyards, s'avançaient dans la direction de Tours où siégeait encore la délégation du gouvernement et où ils espéraient arriver sans difficulté. Ils se heurtèrent le 7 décembre à l'armée de Chanzy, ils l'attaquèrent sur une étendue de 20 kilomètres, depuis Meung jusqu'à Messas. Ils éprouvèrent une résistance acharnée. L'état-major allemand fut alors convaincu qu'il fallait recourir à la plus énergique offensive contre une armée en état de soutenir la lutte et décidée à se défendre jusqu'à la dernière extrémité. Le 8 la lutte recommença. Le centre et l'aile gauche firent subir aux Bavarois des pertes énormes; mais à l'aile droite nous fûmes moins heureux. Le général Camô, sur un ordre directement venu de Tours, avait découvert l'importante position de *Beaugency*, en n'y laissant que des forces insignifiantes. Les Prussiens s'en emparèrent.

Malgré ce succès, de plus en plus étonnés de la résistance de nos troupes, ils résolurent de tenter les plus grands efforts pour vaincre

Le général Bourbaki.

l'armée de la Loire. Le prince Frédéric-Charles, qui avait déjà pris ses dispositions pour marcher sur Vierzon et Bourges où se trouvait l'armée de Bourbaki, reçut l'ordre de se porter immédiatement vers l'Ouest, et il fut investi du commandement supérieur des troupes sur la Loire.

Chanzy allait donc avoir à combattre deux armées allemandes dirigées par leur meilleur général.

Pour diminuer le danger qu'allait lui faire courir cette double attaque, Chanzy ne cessait de demander à Bourbaki de faire une démonstration sur la Loire afin de retenir les troupes de Frédéric-Charles; mais Bourbaki répondait que son armée ne pouvait être lancée en avant à cause de son affaissement moral et de sa désagrégation complète. Gambetta lui-même, qui se trouvait à Bourges à ce moment-là, était obligé de reconnaître que les troupes de Bourbaki n'étaient réellement pas capables d'entreprendre une opération quelconque.

Ne pouvant compter sur aucun appui de ce côté-là, Chanzy donna l'ordre au général Barry de tenir à Blois jusqu'à la dernière extrémité, et d'empêcher par tous les moyens le prince Frédéric-

6

Charles de faire passer ses troupes sur la rive droite de la Loire. Il comptait aussi sur la résistance des francs-tireurs de Paris et sur le corps de Cathelineau qui occupaient le parc de Chambord.

Le 9 et le 10 décembre il réussit à se maintenir dans toutes ses positions, mais sur la rive gauche, les Allemands chassèrent les francs-tireurs du parc de Chambord ; ils s'emparèrent du château et menacèrent Blois où le général Barry ne pouvait résister longtemps par suite de la faiblesse de ses troupes.

Comprenant que la prise de Blois permettrait à Frédéric-Charles de porter la plus grande partie de son armée sur la rive droite, Chanzy se décida à évacuer les lignes de *Josnes* où pendant quatre jours il avait avec succès tenu tête à l'ennemi. Il avait été un moment arrêté par la nécessité de protéger Tours, mais quand il apprit que la délégation venait de se transporter à Bordeaux, il n'hésita plus, il donna le signal de la retraite sur Vendôme.

Cette retraite s'opéra dans des conditions particulièrement difficiles. Nos jeunes troupes étaient accablées de fatigue, une pluie diluvienne défonçait les chemins ; les chevaux et les voitures s'embourbaient dans le sol détrempé ; le nombre des traînards atteignait un chiffre énorme ; « des cadavres d'hommes et de chevaux gisaient sans sépulture dans la campagne ; les villages regorgeaient de blessés auxquels les soins nécessaires faisaient défaut ». L'ennemi ne cessa de nous attaquer et le 13, lorsqu'il se fut emparé de Blois, lorsque les deux armées du duc de Mecklembourg et du prince Frédéric-Charles purent enfin combiner leurs opérations, l'armée de la Loire fut sur le point d'être coupée de ses communications avec Vendôme. Heureusement Chanzy avait pris des dispositions si habiles qu'il put arriver le 13 à Vendôme et occuper la vallée du Loir.

Le Loir formait une ligne de défense qui devait permettre à Chanzy d'arrêter son mouvement de retraite, de faire reposer ses troupes et de reformer ses corps.

Mais l'ennemi ne lui en laissa pas le temps ; dès le 14 il reprit l'offensive, et vint attaquer *Fréteval*. Un bataillon de marins qui seul occupait la ville fut refoulé et tous les efforts de Jaurès pour reprendre cette importante position échouèrent contre la puissante artillerie allemande.

Il fut plus heureux le lendemain et réussit à expulser les Allemands. Ce fut un brillant succès pour notre aile gauche et pour nos braves marins. Mais au centre et à l'aile droite nous fûmes refoulés de tous les villages, de toutes les fermes que nous occupions, il fallut évacuer *Vendôme* et battre en retraite sur le Mans.

Le mouvement commença le 16. Grâce à un brouillard intense qui cachait à l'ennemi la marche de notre armée, la retraite put d'abord s'opérer avec un certain ordre. Mais bientôt les difficultés commencent. Le pays qu'on traversait est très accidenté; partout des haies, des talus; des chemins étroits, défoncés où s'embourbait l'artillerie, et toujours la cavalerie allemande qui ne cessait de harceler nos soldats. La débandade fit d'effrayants progrès.

Le combat de *Droué* montra cependant qu'il y avait encore dans cette armée de la Loire des hommes d'une trempe énergique. La division du 21ᵉ corps que commandait Gougeard allait se mettre en route le 17 quand elle fut assaillie par l'ennemi. Un instant le désordre fut à son comble, quelques bataillons de mobiles prirent la fuite, mais Gougeard ramena ses troupes au combat et réussit à chasser les Allemands des fermes qu'ils occupaient. Enfin le 19, Chanzy atteignit le Mans, ayant échappé pour la troisième fois à l'ennemi.

Le prince
Frédéric-Charles,
neveu de Guillaume Iᵉʳ.

Il faut dire que, de leur côté, les Allemands étaient très épuisés. Ils souffraient autant que nos soldats des intempéries de la saison. Dans beaucoup de bataillons, leurs hommes étaient nu-pieds ou chaussés de sabots et vêtus de pantalons de toile. Tous aspiraient au repos. De plus, le prince Frédéric-Charles était inquiet des mouvements de Bourbaki, qui s'était enfin décidé à faire une démonstration sur la rive gauche de la Loire. Il crut donc nécessaire d'interrompre les opérations; il donna l'ordre au grand-duc de Mecklembourg de se retirer sur Chartres; quant à lui il revint sur Orléans afin de se préparer à une action prochaine et décisive.

Si Bourbaki, au lieu de marcher vers l'Est, comme le lui imposa le gouvernement, s'était maintenu sur la Loire, il aurait retenu à Orléans l'armée du prince Frédéric-Charles, et dès lors Chanzy n'ayant plus en face de lui que l'armée du duc de Mecklembourg l'aurait certainement vaincue et aurait pu marcher à la délivrance de Paris. Mais la fatale et inutile campagne de l'Est allait priver Chanzy du seul secours sur lequel il pût compter et permettre à Frédéric-Charles de revenir vers l'Ouest avec des troupes reconstituées.

Pendant cette période de calme relatif, Chanzy réorganisa son armée. Il dut prendre des mesures sévères pour faire disparaître le désordre qui s'était glissé un peu partout pendant la retraite de Vendôme au Mans. « Il donna à cette tâche toute son énergie, toute sa volonté. » Quand il se crut prêt pour la lutte, il soumit au gouvernement le plan qu'il avait conçu et qui consistait à faire converger vers Paris toutes les armées disponibles et surtout l'armée de Bourbaki. Mais le gouvernement, malgré les objections de Chanzy, s'obstina à envoyer Bourbaki à la délivrance de Belfort.

Le général Le Flô,
ministre de la Guerre.

Chanzy n'avait plus qu'à se fortifier sur ses lignes du Mans pour y résister le plus longtemps possible.

De nombreuses batteries, très bien servies par les marins de la flotte, furent placées sur tous les points élevés. Chanzy les visita en personne et engagea officiers et soldats à faire leur devoir, à tenter ce dernier effort pour la délivrance de la patrie.

Bientôt, en effet, apparurent les masses allemandes. Au début de janvier, le prince Frédéric-Charles, dont les troupes étaient bien reposées et qui avait reçu de nombreux renforts, tirés des corps d'armée qui investissaient Paris, reprit sa marche vers l'Ouest.

Il ne put s'avancer que lentement, par suite de la résistance acharnée que lui firent les colonnes des généraux Rousseau, Jouffroy, de Curten, Barry, lancées en avant par Chanzy.

Les Allemands reconnaissent eux-mêmes que ces combats des premiers jours de janvier leur ont coûté les efforts les plus pénibles.

C'était une véritable guerre de partisans que leur faisaient nos jeunes troupes; buissons, fourrés, ruisseaux, obstacles de toutes sortes, tout était utilisé pour retarder la marche des Allemands.

Malgré cela, nous perdions du terrain; nos colonnes étaient refoulées lentement, mais sûrement. Trois d'entre elles, celles des généraux Jouffroy, Rousseau et Barry purent rejoindre le gros de l'armée autour du Mans, mais celle du général de Curten, qui devait occuper le poste de la Tuilerie, fut obligée de gagner La Flèche. Par une coïncidence fâcheuse, le général Chanzy était souffrant, une fièvre violente le dévorait ; néanmoins, par un prodige de volonté, il continua à donner des ordres et à diriger les opérations.

Le 9 janvier, les Allemands s'emparèrent d'Ardenay, de Thorigné et de Parigné-l'Évêque. La neige tombait à gros flocons ; nos braves soldats, brisés de fatigue, combattirent avec acharnement. Le 10, Chanzy donna l'ordre d'assaillir l'ennemi et de réoccuper les positions abandonnées. Jauréguiberry devait reprendre Parigné ; Colomb, Ardenay, et Jaurès, Thorigné. La lutte se prolongea jusqu'à la nuit ; elle fut ardente, surtout au village de Changé défendu par le colonel Ribell. « Il fallut enfoncer de vive force, écrit un officier allemand, portes et fenêtres, de nombreuses victimes tombent. Lorsqu'une maison oc-

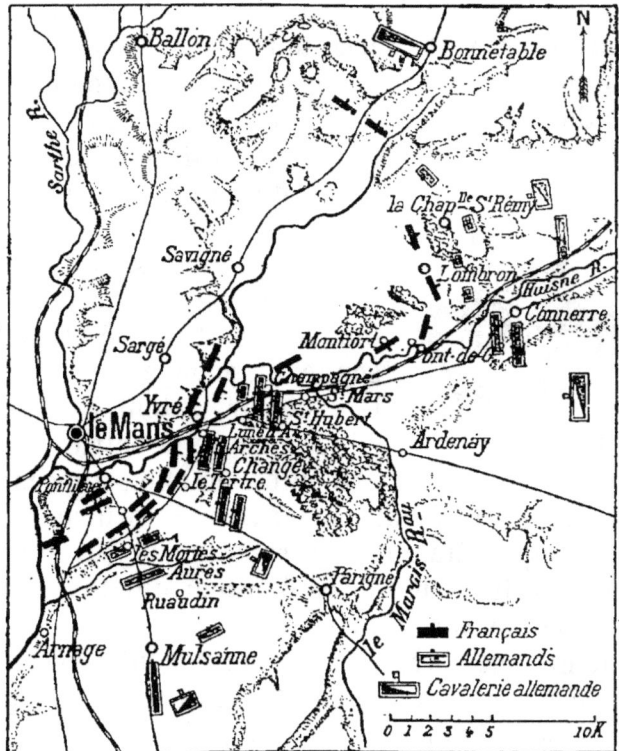

Plan de la bataille du Mans.

cupée par les Français est prise, les uns veulent se rendre, les autres, enflammés de rage, continuent la lutte. » Le colonel Ribell ne quitta le champ de bataille que le dernier, son cheval couvert de blessures. On se replia sur les positions préparées en avant de la ville et c'est là que se livra, le 11 janvier, la grande bataille, appelée bataille *du Mans*.

Le temps était très froid, la neige couvrait le sol d'une couche épaisse. Chanzy parcourut, avant l'action, les principales lignes de la défense, déclarant qu'il récompenserait sur le champ de bataille tous les dévouements, comme aussi il réprimerait avec la

Bataille du Mans (11 janvier 1871).

dernière rigueur toutes les défaillances. A gauche, Jaurès, devant les attaques répétées du grand-duc de Mecklembourg, dut abandonner ses positions les plus avancées, mais les progrès de l'ennemi furent à peu près nuls. A droite, Jauréguiberry repoussa toutes les attaques des Prussiens, dont le principal effort se porta sur notre centre, qu'ils voulaient enfoncer, afin de tourner notre aile gauche et de couper notre armée en deux tronçons. Nos troupes avaient réoccupé pendant la nuit le village de Champagné ; l'ennemi s'en empara de nouveau après une lutte qui dura jusqu'à onze heures du matin ; puis il se lança à l'attaque du plateau d'Auvours. La division Pâris contint un moment l'artillerie allemande, mais, vers trois heures, elle commença à reculer, puis, brusquement, elle lâcha pied, poursuivie par les Allemands, qui couronnèrent les crêtes. L'échec était grave, la débandade pouvait devenir générale ; l'ennemi, maître des hauteurs d'Auvours, pouvait mitrailler notre centre et tourner notre gauche. Chanzy ordonna de reprendre la position. Ce fut l'un des plus beaux faits d'armes de la campagne ; il fait le plus grand honneur au commandant Gougeard. Il réunit à la hâte 2 000 hommes environ, les mobilisés de Rennes et de Nantes et les zouaves pontificaux, se mit à leur tête et fit sonner la charge. Le feu des Allemands fut terrible, mais les mobiles et les zouaves se battirent avec tant d'énergie que le plateau d'Auvours fut reconquis à la baïonnette.

Le cheval du commandant Gougeard fut percé de six balles. Cette charge audacieuse avait sauvé le centre de l'armée. Chanzy nomma Gougeard commandeur de la Légion d'Honneur. « Je vous remercie pour aujourd'hui, écrivait-il au vaillant marin ; je compte sur vous pour demain. »

Ainsi donc, à la fin de la journée du 11, nous restions maîtres de toutes nos lignes à l'exception de Champagné ; les Allemands étaient épuisés ; le prince Frédéric-Charles eut un instant l'idée de se retirer, mais un incident tout à fait imprévu vint lui donner la victoire sur laquelle il ne comptait plus. Les mobiles d'Ille-et-Vilaine, chargés de défendre la position de la Tuilerie, surpris par un mouvement offensif des Allemands, à huit heures et demie du soir, prirent la fuite, et tous les efforts tentés par Jauréguiberry pendant toute la nuit ne purent lui rendre cette position abandonnée. Il ne put rallier ses troupes, qui suivirent, pour la plupart, l'exemple des mobiles de Bretagne ; aussi, il écrivait à Chanzy qu'une prompte retraite lui paraissait impérieusement commandée.

Les autres chefs de corps reconnurent aussi que la retraite était inévitable et il fallut s'y décider. Elle commença aussitôt, et en quelques instants, le nombre des fuyards fut immense. Seul, le 21e corps, avec Jaurès, montra une solidité remarquable et fit croire à l'ennemi que Chanzy était disposé à continuer la résistance. Grâce à lui, les débris de l'armée purent arriver le 16 janvier derrière la Mayenne et s'échelonnèrent sur ses bords escarpés entre Mayenne et Laval.

Quelques jours plus tard, Chanzy, qui se préparait à reprendre la campagne, apprenait la nouvelle de l'armistice. Le rôle de l'armée de la Loire était fini. Son souvenir du moins restera impérissable ; car c'est elle surtout qui a sauvé l'honneur de la France ; elle a montré ce que peuvent de jeunes soldats, même mal équipés, mal armés, quand ils sont bien commandés, quand ils sont soutenus par l'amour de la patrie. Son général, Chanzy, s'est acquis des titres immortels à la reconnaissance de tous les Français.

Chanzy.

Cet homme grand et mince, dont la calvitie précoce était cachée par le képi aux fleurs de chêne d'or légèrement incliné sur l'oreille, le front haut et serein, le regard doux et presque caressant, la moustache effilée, parut sur les champs de bataille de la Loire comme « l'évocation de notre brillant passé militaire »... Il réagit par une énergique attitude contre le découragement; il réchauffa l'ardeur languissante et presque éteinte des soldats; il récompensa la bravoure, punit l'indiscipline, flétrit la lâcheté; il donna à tous l'exemple de la résolution, de la fermeté, de la vaillance; on le vit accepter sans faiblir la plus délicate, la plus immense des tâches.

Le général Chanzy.

Il semblait, à l'entendre, que la France n'eût pas été vaincue : il ne connaissait pas le désastre de la veille et ne croyait pas au désastre du lendemain; il maniait son armée composée de conscrits comme si elle n'eût compté dans ses rangs que de vieux troupiers...

Résolu à tout oser et en même temps plein de circonspection et de constance, toujours prêt à revenir à la charge et battant en retraite avec prudence, sachant prendre, le cas échéant, une audacieuse initiative et réparer avec une habile persévérance les torts de la fortune; vigoureux à l'attaque et à la défense, il avait à la fois l'impétuosité propre à notre nation et l'opiniâtreté; il avait, pour nous servir d'un mot de Sainte-Beuve, à la fois ce qu'on a le plus en France, l'essor et l'élan et, ce qui manque surtout, la consistance et le *caractère*.

(Chuquet, *Le général Chanzy.*)

Circulaire de M. de Chaudordy
aux agents diplomatiques (29 nov. 1870).

Après avoir vu leur domicile envahi, après avoir subi les plus dures exigences, les familles ont dû livrer leur argenterie et leurs bijoux. Tout ce qui était précieux a été saisi par l'ennemi et entassé dans ses sacs et ses chariots. Des effets d'habillement, enlevés dans les maisons et dérobé chez les marchands, des objets de toute sorte, des pendules, des montres ont été trouvés sur les prisonniers tombés entre nos mains. On s'est fait livrer et on a pris au besoin aux particuliers de l'argent.

Tel propriétaire arrêté dans son château a été condamné à payer une rançon personnelle de 80 000 francs; tel autre s'est vu dérober les châles, les fourrures, les dentelles, les robes de soie de sa femme.

Partout les caves ont été vidées, les vins empaquetés, chargés sur des voitures et emportés ailleurs, et, pour punir une ville de l'acte d'un citoyen coupable uniquement de s'être levé contre les envahisseurs, des officiers supérieurs

Pillage d'une maison par les Allemands.

ont ordonné le pillage et l'incendie, abusant par cette exécution sauvage de l'implacable discipline imposée à leurs troupes.

Toute maison où un franc-tireur a été abrité et nourri est incendiée.

Voilà pour la propriété.

La vie humaine n'a pas été respectée davantage. Alors que la nation entière est appelée aux armes, on a fusillé impitoyablement non seulement des paysans soulevés contre l'étranger, mais des soldats pourvus de commissions et revêtus d'uniformes légalisés. On a condamné à mort ceux qui tentaient de franchir les lignes prussiennes, même pour leurs affaires privées.

Lettre de Chanzy au commandant prussien à Vendôme.

Le Mans, 26 décembre 1870.

J'apprends que des violences inqualifiables ont été exercées par des troupes sous vos ordres sur la population inoffensive de Saint-Calais, malgré ses bons traitements pour vos malades et vos blessés.

Vos officiers ont exigé de l'argent et autorisé le pillage : c'est un abus de la force qui pèsera sur vos consciences et que le patriotisme de nos populations saura supporter; mais ce que je ne puis admettre, c'est que vous ajoutiez à cela l'injure alors que vous savez qu'elle est gratuite.

Vous avez prétendu que nous étions les vaincus : cela est faux. Nous vous avons battus et tenus en échec depuis le 4 de ce mois. Vous avez osé traiter de lâches des gens qui ne pouvaient vous répondre, prétendant qu'ils subissaient la volonté du gouvernement de la Défense nationale, les obligeant à résister alors qu'ils voulaient la paix et que vous la leur offriez.

Je proteste avec le droit que me donnent de vous parler ainsi la résistance de la France entière et celle que l'armée vous oppose et que vous n'avez pu vaincre jusqu'ici.

Cette communication a pour but d'affirmer de nouveau ce que cette résistance vous a déjà appris. Nous lutterons avec la conscience du droit et la volonté de triompher quels que soient les sacrifices qu'il nous reste à faire, nous lutterons à outrance sans trêve ni merci, car il s'agit aujourd'hui de combattre non plus des ennemis légaux, mais des hordes de dévastateurs qui ne veulent que la ruine et la honte d'une nation qui prétend conserver son honneur, son indépendance et son rang. A la générosité avec laquelle nous traitons vos prisonniers et vos blessés vous répondez par l'insolence, l'incendie et le pillage.

Je proteste avec indignation au nom de l'humanité et du droit des gens que vous foulez aux pieds.

CHANZY.

Lettre du général Le Flô, ministre de la Guerre, au général Chanzy.

Bordeaux, le 7 mars 1871.

Un décret du gouvernement, qui sera au *Moniteur* demain, dissout toutes les armées ou corps d'armée du territoire et supprime par conséquent tous les états-majors qui y étaient attachés. La deuxième armée est naturellement comprise dans cette mesure et votre commandement cessera par conséquent à partir de demain. Au moment où vous rentrez dans la disponibilité, en attendant que des circonstances plus heureuses me permettent d'utiliser vos talents et votre dévouement, je veux vous offrir toutes mes félicitations sur l'honneur que vous vous êtes fait et les brillants services que vous avez rendus. Dites à votre armée, officiers de tous grades et soldats, que je les remercie au nom de notre pays tout entier de leur courage et de leur patriotisme. Si la France avait pu être sauvée, elle l'eût été par eux. La fortune ne l'a pas voulu; résignons-nous momentanément, mais ne désespérons jamais de ses grandes destinées que rien ni personne ne pourrait jamais arrêter.

Chasseur à pied,
d'après Alph. de Neuville.

Bataille de Bapaume (3 janvier 1871).

CHAPITRE XIV

L'ARMÉE DU NORD

Comme la Beauce et l'Orléanais, et pour les mêmes raisons, la région au nord et à l'ouest de Paris fut envahie par les Prussiens dès le mois de septembre. Leurs chefs abusèrent partout odieusement de la victoire, en exigeant des contributions très élevées et souvent fort peu en rapport avec les ressources des villes. Parfois ils prenaient des otages pour obliger les habitants à payer. Dans plusieurs localités ils firent fusiller des maires ou de simples citoyens qui leur avaient résisté militairement. Les maisons elles-mêmes n'étaient pas épargnées. Plusieurs fois dans le cours de la guerre, des officiers ont ordonné à leurs soldats d'entourer de paille imbibée de pétrole et de réduire en cendres des fermes et des chaumières.

Or la désorganisation était telle dans cette région que, pendant les mois de septembre et d'octobre, les Prussiens n'y rencontrèrent pour ainsi dire pas de résistance. La ville de *Saint-Quentin* donna cependant un noble exemple de patriotisme en luttant avec ses seules forces contre un corps prussien venu de Laon pour la réduire et en l'obligeant à battre en retraite (8 octobre).

C'est alors qu'afin de grouper toutes les résistances locales et
de leur donner une unité de direction, le gouvernement de la
Défense nationale nomma le Dʳ Testelin, préfet du Nord, com-
missaire de la défense dans les départements de l'Aisne, du Nord,
du Pas-de-Calais et de la Somme.

A cet administrateur actif et résolu, à ce patriote ardent, on
adjoignit en même temps, comme commandant supérieur de la
région, le général Bourbaki, qui était venu offrir ses services à
Gambetta. Il choisit pour chef d'état-major le général Farre, dont
la vigueur et l'habileté parvinrent en peu de temps à grouper les
éléments du 22ᵉ corps, c'est-à-dire 40 à 45 000 hommes.

L'armée du Nord se trouva à peu près organisée, lorsque Amiens
fut menacé par les forces considérables de la première armée
allemande, sous les ordres de Manteuffel.

On ne pouvait laisser succomber cette ville sans essayer de la
défendre.

Mais Bourbaki estimant que son armée était encore incapable
de prendre l'offensive contre les Allemands, comme le demandait
Gambetta, et ne voulant pas accepter la responsabilité d'une défaite,
se démit de son commandement le 19 novembre. Il fut envoyé à
Nevers et remplacé par le général Faidherbe. Mais en attendant
l'arrivée de ce dernier, le général Farre dirigea les opérations de
l'armée du Nord.

Il vint prendre position sur la rive gauche de la Somme, entre
Amiens et *Villers-Bretonneux*. C'est là qu'il fut attaqué par les
Allemands, le 27 novembre.

Le principal effort de l'ennemi fut dirigé contre notre aile gauche qui occupait Villers-Bretonneux. L'infanterie de marine, là
comme partout, lutta avec acharnement, mais il fallut céder
devant l'artillerie prussienne et abandonner le village.

Les Allemands toutefois subirent des pertes considérables et la
bataille d'Amiens fut loin d'être pour eux un succès décisif, car ils
ne purent approcher des retranchements de la ville.

Malheureusement nos troupes, malgré la vigueur presque ines-
pérée de leur résistance, se débandèrent après la bataille. Il fallut battre en retraite sur Arras.

Les Prussiens firent leur entrée dans la ville d'Amiens le
28 novembre.

Cependant la citadelle tenait toujours. Située sur la rive droite
de la Somme, elle dominait la ville. Les Allemands furent obligés

d'en faire le siège. Ils commencèrent l'attaque le 29. La citadelle n'était défendue que par 400 hommes, ayant à leur tête le brave capitaine Vogel. Celui-ci repoussa toutes les sommations, mais quand il eut été mortellement atteint par une balle, les défenseurs de la citadelle demandèrent à capituler.

LE NORD-OUEST DE LA FRANCE.

Maître d'Amiens, le général Manteuffel dirigea la plus grande partie de ses forces vers la Normandie.

La défense de cette région avait été confiée au général Briand, qui fut très activement secondé par le jeune préfet de la Seine-Inférieure, Sadi Carnot.

Le général Briand disposait de 25 000 hommes environ, composés surtout de mobiles. N'ayant d'abord trouvé devant lui que des escadrons de cavalerie saxonne en reconnaissance, il put faire des progrès et le 23 novembre il réussit à surprendre un détachement ennemi dans le village d'*Étrépagny* et lui infligea des pertes sensibles; mais bientôt des forces supérieures l'obligèrent à reculer et il se replia sur Rouen. Les Prussiens se vengèrent en levant des contributions exorbitantes et en livrant à une véritable exécution le malheureux village d'Étrépagny.

A l'approche de Manteuffel, qui venait renforcer les troupes saxonnes, le général Briand se crut incapable de couvrir Rouen et

Soldat d'infanterie de marine.

ne voulant pas exposer cette ville à un bombardement, il battit en retraite sur Honfleur. Ses régiments se dispersèrent et ce n'est qu'avec quelques milliers d'hommes qu'il put s'embarquer pour le Havre. Pendant ce temps, Manteuffel occupait Rouen, le 6 décembre, et y installait un préfet prussien. L'une des divisions de son armée tenta une pointe sur le Havre, mais quand elle apprit que la ville était fortement défendue, elle rebroussa chemin. De nouvelles instructions prescrivirent d'ailleurs à Manteuffel de revenir vers la Somme où la situation des Allemands paraissait compromise.

Faidherbe était venu, en effet, prendre le commandement de l'armée du Nord et il se préparait à une vigoureuse offensive.

Faidherbe était déjà célèbre par son habile et brillante conduite en Algérie et au Sénégal, quand Gambetta le rappela d'Afrique. Il le nomma général de division et commandant de l'armée du Nord. C'est à lui que revient l'honneur de la lutte; car, coupé de ses communications avec le reste de la France, il dut se suffire à lui-même. Il se montra à la fois administrateur et capitaine. Son armée se fit toujours remarquer par sa discipline, par l'excellent esprit dont elle ne cessa d'être animée. Mais, en ce qui concerne l'habillement et l'équipement, les efforts de Faidherbe devaient échouer en partie. Soumise déjà aux réquisitions prussiennes, la région qu'il occupait ne put lui fournir tout ce dont il avait besoin, et, chose honteuse à dire, il fut trompé par d'indignes entrepreneurs, qui ne craignirent pas d'édifier leur fortune sur la misère de nos soldats. C'est à l'armée du Nord que l'on vit ces fameux souliers à semelles de carton, que l'on a si souvent reprochés à

Gambetta, quoique le grand patriote ne puisse en être rendu responsable. Il faut flétrir à jamais les misérables qui ont spéculé sur les malheurs de la patrie.

Faidherbe ne disposa jamais de plus de 50 000 hommes, qu'il divisa bientôt en deux corps d'armée, le 22ᵉ, qui fut confié au général Lecointe, et le 23ᵉ, qui eut à sa tête le général Paulze d'Ivoy. Il prit l'offensive le 8 décembre. Le 9, il s'empara du fort de Ham et fit une démonstration sur La Fère. La présence sous les murs de La Fère de l'armée du Nord, que les généraux ennemis croyaient avoir détruite le 27 novembre, jeta un grand trouble parmi eux. Ils opérèrent des mouvements de concentration et rappelèrent leurs troupes de Normandie. De La Fère, Faidherbe

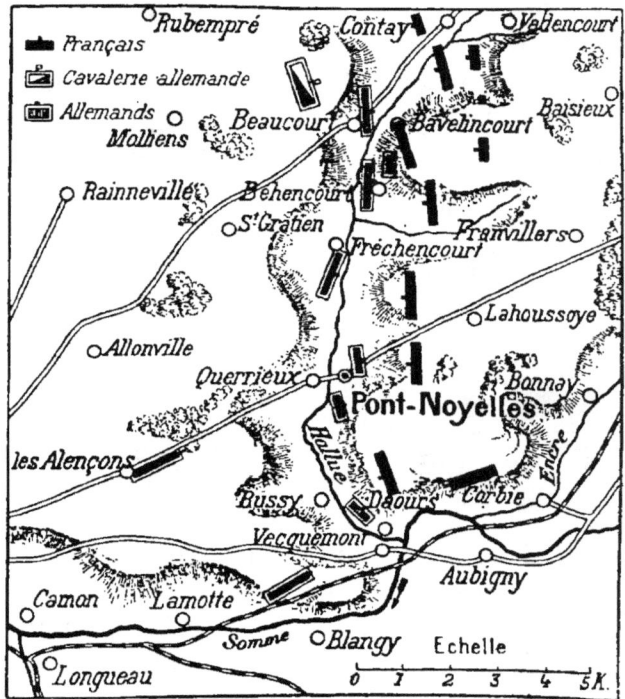

Plan de la bataille de Pont-Noyelles.

se porta sur Amiens. A l'approche de l'armée française, la garnison prussienne évacua la ville ; mais son chef, en partant, déclara que l'entrée des troupes françaises dans la ville serait le signal d'un bombardement à outrance par le commandant de la citadelle. Faidherbe, ne voulant pas qu'une ville française pût le rendre responsable de sa destruction, et ne jugeant pas indispensable l'occupation d'Amiens, alla prendre position sur la rive droite de la Somme, au village de *Pont-Noyelles*, dans la vallée de l'Hallue, petite rivière large de 4 à 5 mètres. C'est là que Manteuffel vint l'attaquer.

La bataille s'engagea le 23 décembre ; elle dura toute la journée et fut acharnée de part et d'autre. Les Allemands s'emparèrent de quelques fermes situées sur la rive droite de l'Hallue, mais ils ne réussirent pas à déloger nos troupes des hauteurs de la rive gauche. Notre armée coucha sur ses positions. Elle bivouaqua par une nuit obscure et par un froid de 7 à 8°, sans bois pour faire du feu et avec du pain gelé pour tout aliment. Nos malheureux soldats endurèrent des souffrances inouïes.

Le lendemain, Faidherbe, sachant que Manteuffel recevait des secours importants, jugea prudent de battre en retraite. Ce mouvement s'exécuta avec un ordre parfait et ne fut en rien contrarié par l'ennemi. Le général fit cantonner ses troupes derrière la Scarpe, dans une très forte position, la droite appuyée à Arras et la gauche à Douai, et s'occupa très activement de les reconstituer avant de reprendre la campagne.

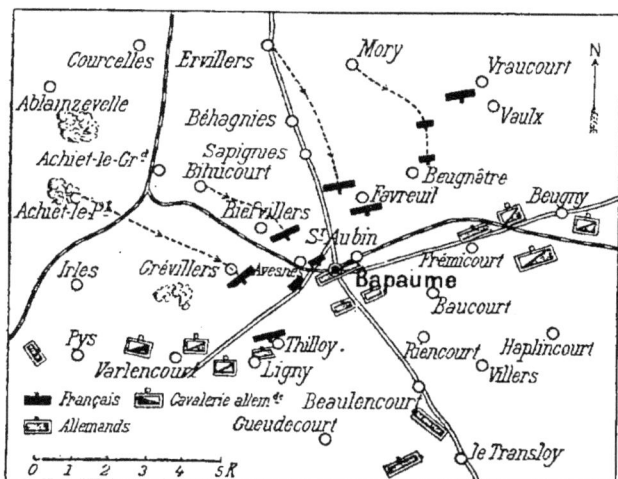

Plan de la bataille de Bapaume.

Au commencement de janvier, après avoir fait explorer par ses éclaireurs les environs d'Arras, Faidherbe se mit en marche pour s'opposer au bombardement de Péronne.

Malgré un froid de 20°, malgré les neiges qui encombraient les routes, malgré les privations de tous genres que supportaient ses soldats, il réussit à les entraîner, et, après quelques escarmouches, il vint livrer aux Prussiens, le 3 janvier, la bataille de *Bapaume*, qui fut très meurtrière.

Nous fûmes victorieux sur toute la ligne.

Notre armée passa la nuit dans les villages conquis sur l'ennemi. Faidherbe aurait pu y établir ses troupes pour quelques jours, mais ces villages étaient encombrés de morts et de blessés. Des retours offensifs étaient possibles, et le général en chef craignait à juste titre que ses jeunes troupes, épuisées par plusieurs jours de combat, ne fussent pas capables de résister à l'ennemi. Il apprenait, d'ailleurs, que l'attaque de Péronne avait été suspen-

Des députations reprochèrent à Trochu l'abandon du Bourget et les projets d'armistice. Les maires demandèrent l'élection immédiate d'un Conseil municipal, d'une Commune, et les membres du gouvernement acceptèrent en principe cette proposition.

Soudain, dans l'après-midi, après avoir culbuté les mobiles de l'Indre dans l'escalier, les tirailleurs de Belleville, le seul bataillon qui fût alors sous le commandement direct de Flourens, forcent la porte de la salle des séances. Rochefort et Picard s'échappent. Trochu, Favre, Simon, Garnier-Pagès, Ferry, sont entourés, pressés dans l'embrasure d'une fenêtre, insultés, couchés en joue, et refusent avec un calme inébranlable de donner leur démission.

On proclame au milieu d'un affreux tumulte la déchéance de Trochu et de ses collègues.

A la lueur des lampes que les garçons ont apportées selon la coutume et comme s'il n'y avait rien d'extraordinaire, Flourens, monté sur la table, dicte les noms des membres d'un Comité de salut public. Dorian, inscrit en tête de cette liste, proteste d'abord qu'il n'est que fabricant; puis, acclamé par la multitude, il se rend dans le cabinet du maire, et signe avec Magnin, Schœlcher, Arago, Floquet et Brisson, une affiche qui annonce les élections municipales pour le lendemain. Mais Blanqui survient et rédige des décrets.

La partie saine de la garde nationale, apprenant que les agitateurs s'emparent du pouvoir, se ravise. A huit heures, le 106e bataillon se fraie un passage à travers l'émeute et délivre Trochu et Ferry. Déjà Flourens, Blanqui, Millière ont peur pour eux-mêmes; aidés de Dorian, qui conseille d'éviter l'effusion du sang, ils proposent un arrangement

Jules Ferry,
préfet de la Seine.

à leurs otages, et Favre, Simon, Garnier-Pagès promettent de ne poursuivre personne, pourvu qu'ils soient saufs. De leur côté agissent les membres du gouvernement devenus libres, Trochu, Picard, Ferry. Le général, trop scrupuleux, ne voulait d'autre troupe que la garde nationale pour réprimer le mouvement. Picard prescrit de battre le rappel dans tout Paris. Ferry court à la place Vendôme, entraîne quelques bataillons vers l'Hôtel de ville, commande d'enfoncer la porte de la place Lobau.

Delescluze se présente au parlementaire et obtient de Ferry que les insurgés quitteront l'édifice, sans être inquiétés, s'ils respectent les captifs. Deux heures s'écoulent. Le comte de Legge, perdant patience et violant les instructions qu'il a reçues, pénètre à la tête de ses mobiles du Finistère dans un souterrain qui relie la caserne Napoléon à l'Hôtel de ville; il se saisit du rez-de-chaussée et enferme dans les caves tous les séditieux qu'il rencontre; mais Le Flô, qui s'esquive pendant cette attaque, lui enjoint de s'arrêter, de crainte de provoquer le massacre de Favre et de Simon.

Enfin, à trois heures et demie du matin, sur l'ordre de Le Flô, le comte de Legge ouvre à Ferry la porte de la place Lobau. Suivi des gardes nationaux, Ferry entre dans la salle du Conseil, monte sur la table et déclare aux « sang impur » qu'ils sont ses prisonniers, et qu'il leur fait grâce. Les hommes du 4 septembre et ceux du 31 octobre sortent pêle-mêle de l'Hôtel de ville, comme s'ils se protégeaient mutuellement. Pas un coup de fusil n'avait été tiré.

(CHUQUET, *La Guerre* [*1870-1871*].)

Paris pendant le siège.

La misère du peuple de Paris pendant le siège,

Non, je ne saurais trop répéter à nos frères de province avec quel indomptable courage, avec quelle touchante résignation, avec quel invincible sentiment de patriotisme, toute cette population supporta les rigueurs de cette longue misère.

Les femmes surtout furent admirables.

Je ne plains pas trop les hommes : la plupart avaient leurs 30 sous par jour, que beaucoup d'entre eux buvaient sans vergogne. Mais les femmes! les pauvres femmes! par ces abominables froids de décembre, elles faisaient la queue, toute la journée, chez le boulanger, chez le boucher, chez l'épicier, chez le marchand de bois, à la mairie. Aucune ne murmurait : jamais je n'ai entendu sortir d'une seule de ces bouches, accoutumées aux dures paroles, un mot impie contre la France; c'étaient-elles les plus enragées pour que l'on tînt jusqu'au dernier morceau de pain. Et Dieu sait ce que cette malheureuse bouchée de pain leur coûtait!

La mortalité montait de semaine en semaine, traînant une effroyable marée de victimes. De 1 200 ou 1 300 qui est le chiffre normal des décès parisiens, elle s'était rapidement élevée à 2 000, puis à 2 400, puis à 3 000; elle avait franchi ce degré et avait atteint 4 000, puis enfin 4 500. La pneumonie, la fluxion de poitrine, la diarrhée, tout le noir cortège des maladies, nées de ces longues stations et d'une mauvaise nourriture s'était abattu sur ce misérable troupeau de créatures humaines. On ne voyait que corbillards qui s'acheminaient seuls vers le cimetière. Pour les enfants, on y faisait moins de façons encore. Un croquemort prenait sous son bras le petit cercueil et le portait, comme un paquet de n'importe quoi, jusqu'au trou commun, où il le jetait avec les autres. Les cimetières parisiens, déjà trop étroits, regorgeaient de cadavres, dont on ne savait où se débarrasser.

(F. SARCEY, *Le Siège de Paris.*)

Épisode du siège de Paris.

Quelques prix de denrées pendant le siège.

		fr.	c.
Jambon fumé	le kilogramme	16	»
Saucisson de Lyon	—	32	»
Viande de cheval	—	2,50	
Viande d'âne et de mulet	—	6	»
Une oie		25	»
Un poulet		15	»
Une paire de pigeons		12	»
Une dinde		55	»
Un lapin		18	»
Une carpe		20	»
Une friture de goujons		6	»
Une douzaine d'œufs		4,60	
Un chou		1,50	
Un chou-fleur		2	»
Une botte de carottes		2,25	
Une livre de haricots		5	»
Une livre de beurre frais		45	»
Une livre de beurre salé		14	»

(J. CLARETIE, *Paris assiégé*.)

Les morts de Buzenval.

La bataille de Buzenval nous coûta beaucoup de sang et parmi les victimes de cette journée la patrie avait à pleurer plus d'un cœur vaillant et plus d'un brillant cerveau, entre autres un jeune homme, un maître, le peintre Henri Regnault, qui promettait, qui donnait déjà une gloire nouvelle à son pays. Le brave garçon était revenu tout exprès de Tanger pour se battre. Une balle stupide, la dernière peut-être tirée à Buzenval, lui est entrée dans le crâne et l'a tué. Deux jours après, on retrouva le corps, le nez dans la terre, le visage couvert de feuilles sèches.

D'autres tombèrent en même temps que lui : le colonel de Rochebrune était frappé d'une balle au moment où, levant son sabre, il s'écriait : « En avant! » Seveste, un jeune comédien du Théâtre-Français, lieutenant dans les carabiniers parisiens, recevait une balle dans la cuisse et, comme on l'apportait tout sanglant, enveloppé de linges, à l'ambulance de la Comédie-Française : « Je viens, dit-il, jouer une fois encore la dernière scène des *Fourberies de Scapin.* » On l'emporta et Seveste mourut, décoré sur son lit d'agonie.

Oui, cette fois c'est bien le sang de Paris qui coule. Un autre succomba, le vieux marquis de Coriolis, volontaire à soixante-sept ans, solide et superbe, affirmant sa noblesse par son agonie; un autre va mourir au Grand-Hôtel, qui, caporal dans un régiment de ligne, porte un nom cher à la science et s'appelle Gustave Lambert. De telles fins consolent de tant d'existences inutiles et réconcilient avec l'humanité.

Les morts du combat de Buzenval, photographiés au Père-Lachaise, ont été reproduits pour l'avenir dans un tableau cruel, sombre et vrai, qui nous les montre, ces martyrs, couverts de leur suaire. Cette photographie est éloquente et terrible.

Ils sont là côte à côte, bière contre bière, dans une position navrante qui ressemble à celle de la fosse commune. Nus, enveloppés de leur linceul qu'un geste raide de ces morts écarte parfois, ils braquent devant eux ces yeux fixes de cadavre dont nulle main amie n'a baissé les paupières. Leurs blessures glorieuses font sur leurs corps de hideuses traces. On distingue des trous noirs sur ces torses. Les crânes parfois sont brisés. Têtes expressives, têtes de bourgeois et de gens du peuple, les uns avec des favoris, les autres avec des barbes grises; d'autres, des crânes chauves comme des fronts de penseurs. Il y en a des jeunes et des vieux, presque des enfants, presque des vieillards. L'un d'eux, vingt-cinq ans, brun, beau, hardi, vaillant, a la tête appuyée dans sa bière sur son épée à poignée d'acier. La mort a contracté ces visages livides : l'un sourit, l'autre se crispe, beaucoup ont comme le fier rayonnement du sacrifice.

Ces spectacles sont affreux et superbes. Ils accusent et rayonnent. Ils se dressent comme des vengeurs, ils sont nobles comme des martyrs.

(J. CLARETIE, *Histoire de la révolution de 1870.*)

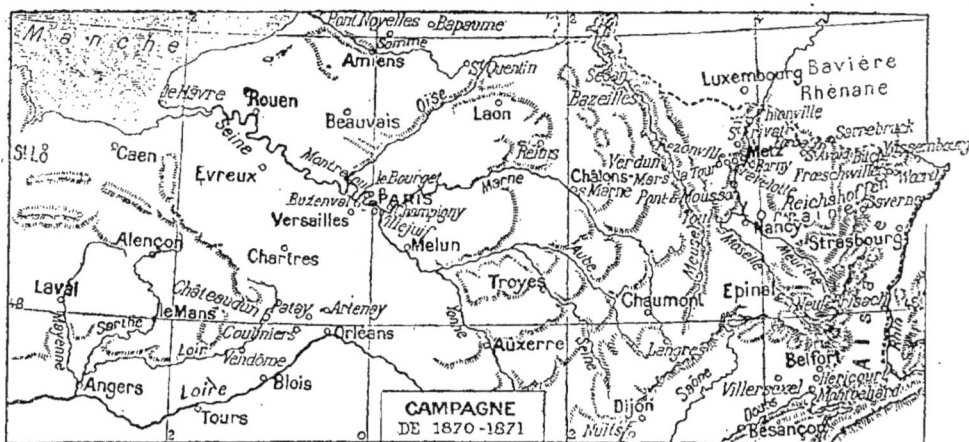

Carte d'ensemble de la campagne de 1870-71.

Les blessés et la population parisienne.

Tous les blessés trouvèrent de la part de la population les soins les plus empressés. L'administration militaire n'avait qu'à s'en défendre, les ambulances privées se disputaient les malades et quelquefois faisaient perdre leur trace.

Le clergé se distinguait aussi par son zèle et sa charité. On voyait des prêtres mêlés aux infirmiers civils aller chercher nos soldats sous les balles ennemies. Jusqu'à la fin du siège, les Frères de la doctrine chrétienne se mirent comme brancardiers à la disposition de l'intendance. Plusieurs payèrent ce dévouement de leur vie. L'archevêque de Paris convertit les principales églises en ambulances.

Il y eut dans toute la cité une noble émulation d'humanité et de patriotisme. S'oublier soi-même, se consacrer à la défense, au service des indigents, au soulagement des blessés, était devenu une obligation à laquelle on aurait rougi de se soustraire. Les femmes déployèrent tout ce que le ciel a mis en elles de généreuses tendresses. Les plus délicates, les plus craintives, affrontaient les émotions, les veilles, les fatigues; elles encourageaient, consolaient, fortifiaient les malheureuses victimes confiées à leurs soins. Elles seules ont le secret des attentions délicates qui adoucissent les maux les plus intolérables; une lecture, une fleur, un mets préféré et surtout une bonne parole ou un sourire, achevaient ce que la science et l'habileté des médecins avaient commencé. Que de guérisons ont été dues à ces inestimables secours qui, en relevant l'âme abattue, permettent à l'organisme de reprendre sa vigueur?

(D'après JULES FAVRE,
Histoire du gouvernement de la Défense nationale.)
Librairie Plon.

Entrevue de Ferrières (13 décembre 1870).

CHAPITRE XVIII

NÉGOCIATIONS ET TRAITÉ DE PAIX

La signature de l'armistice marque la fin des hostilités. Le gouvernement n'avait pas attendu les défaites de nos armées pour engager des négociations avec l'ennemi. Dès le 13 septembre, Jules Favre était venu trouver Bismarck au château de Ferrières. Pressé de faire connaître les conditions auxquelles il consentirait à la paix, le chancelier allemand demanda la cession de l'Alsace et d'une partie de la Lorraine.

En présence des exigences de Bismarck, Jules Favre se borna à solliciter un armistice comportant le ravitaillement de Metz et de Paris. Pendant l'armistice, la France procéderait à l'élection d'une Assemblée nationale qui aurait plein pouvoir pour régler le gouvernement de la France et aviser à la situation. Pour accorder l'armistice Bismarck demanda l'occupation de toutes les forteresses assiégées dans les Vosges, de la ville de Strasbourg avec la garnison prisonnière de guerre, et pour permettre le ravitaillement de Paris la cession du Mont-Valérien.

En entendant ces propositions, « je me levai vivement, dit

Jules Favre, un nuage obscurcit mes regards, et je me détournai
contre le chambranle pour y appuyer un instant ma tête qui éclatait et y dévorer mes larmes. »

On a trouvé ridicules ces larmes de Jules Favre, mais au
moment où la France entière lut le récit de l'entrevue de Ferrières, on partageait l'indignation et l'émotion de l'homme qui
venait de rencontrer un tel accueil chez notre implacable vainqueur.

C'est aussitôt après l'entrevue de Ferrières que Thiers entre-
prit un grand voyage en Europe pour essayer d'intéresser les
grandes puissances à la situation de la France. Il visita successivement Londres, Saint-Pétersbourg, Vienne et
Florence. Il reçut partout de bonnes paroles, mais
ce fut tout. L'Europe nous abandonna systémati-
quement, elle ne voulut gêner en rien l'action de
la Prusse. Les puissances neutres, Angleterre,
Russie, Autriche, Italie et Turquie consentirent
seulement à faire à la France et à la Prusse une
proposition d'armistice ayant pour objet la con-
vocation d'une Assemblée nationale.

Jules Favre, ministre
des
Affaires étrangères.

Thiers, chargé de négocier cette proposition
avec Bismarck, du 1ᵉʳ au 3 novembre, ne put
réussir, parce que le chancelier allemand refusa d'une manière
absolue le ravitaillement de Paris pendant l'armistice. C'était le
moyen de réduire Paris sans combattre. Il fallut continuer la
guerre et ce n'est pas un médiocre titre d'honneur pour la France
de n'avoir pas cédé aux exigences prussiennes sans essayer de
lutter. Nous avons combattu jusqu'à l'épuisement, nous n'avons
succombé que devant la force.

Lorsque Paris n'eut plus que pour quelques jours de vivres,
Jules Favre se rendit à Versailles où se trouvait depuis longtemps
déjà le quartier général prussien et où, le 18 janvier, le roi Guillaume avait été proclamé empereur d'Allemagne.

Du 24 au 28 janvier il négocia avec Bismarck, et après mille
difficultés, il conclut une convention d'armistice pour une durée
de vingt et un jours.

Une Assemblée nationale devait être élue le 8 février et se réunir
le 12 à Bordeaux. Les commandants des armées allemandes
devaient accorder toute facilité pour l'élection des députés. On
faisait remise à l'armée allemande de tous les forts, formant le

périmètre de la défense extérieure de Paris. En ce qui concerne les armées de province, Jules Favre eut le tort grave de décider de leur sort sans connaître leur situation d'une manière précise; la convention les refoula à des limites telles, que la plupart des positions défendues jusqu'ici avec ténacité se trouvaient irrévocablement perdues et que la reprise des hostilités de notre part était par là-même rendue à peu près impossible.

Les élections se firent partout avec la régularité la plus parfaite. La grande majorité du pays voulait la paix et la voulait aussi prompte que possible. L'Assemblée se réunit au jour fixé. Thiers, qui avait été élu dans vingt-six collèges, fut nommé chef du pouvoir exécutif; c'était la juste récompense du dévouement dont il avait fait preuve. Il reçut pleins pouvoirs pour négocier avec l'ennemi, et assisté de Jules Favre et d'une commission de quinze membres, il partit pour

Palais de Versailles.

Versailles. Il vit Bismarck le 21 février, date de l'expiration de l'armistice, il en obtint la prolongation jusqu'au 26 et c'est en quatre jours qu'il fallut régler le sort de la France.

Quand Bismarck fit connaître ses conditions, il déclara qu'elles étaient absolument immuables et que le roi de Prusse lui avait ordonné de les poser comme un *ultimatum* :

La France devait renoncer à l'Alsace tout entière, y compris Belfort, à la ville et aux forts de Metz, ainsi qu'à une grande partie des départements de la Moselle et de la Meurthe; de plus, elle devait payer 6 milliards à titre d'indemnité de guerre. Bismarck plaça Thiers dans l'alternative d'accepter immédiatement ces conditions ou de recommencer les hostilités.

La situation de Thiers était des plus pénibles; il savait que nous étions dans l'impossibilité de combattre; pourtant il osa discuter avec son terrible adversaire, et il le fit d'une manière si opiniâtre et si persuasive qu'il obtint une diminution de 1 milliard sur l'indemnité de guerre et l'abandon de Belfort, qui s'était si vaillamment défendue et qui méritait à si juste titre de rester une ville

RÉUNION DES PLÉNIPOTENTIAIRES (10 mai 1871) :

Bismarck.   Donnesmarck.   Cte de Hazfeld. Pouyer-Quertier.
     Cte d'Arnim.   De Goulard.   Jules Favre.

française. Bismarck ne consentit à cette dernière concession qu'à la condition que les troupes allemandes entreraient dans Paris et l'occuperaient jusqu'à la ratification des préliminaires par l'Assemblée nationale. L'évacuation du territoire devait s'opérer graduellement, au fur et à mesure du payement de la contribution de 5 milliards. Les prisonniers devaient être échangés le plus promptement possible.

Les préliminaires furent signés le 26 février et le 1er mars l'Assemblée les adopta, malgré la généreuse protestation des députés de l'Alsace et de la Lorraine, et après avoir prononcé la déchéance de Napoléon III et de sa dynastie.

Ce jour-là les troupes allemandes entrèrent dans Paris et occupèrent le quartier des Champs-Élysées. Le roi de Prusse devait faire son entrée solennelle le 3 mars, mais la ratification des préliminaires de paix ne lui permit pas d'exécuter son projet. Paris ne fut occupé que quarante-huit heures.

Après l'acceptation des préliminaires par l'Assemblée, nos plénipotentiaires se réunirent à Bruxelles pour discuter et rédiger le traité de paix définitif. Au commencement du mois de mai, à la

Hôtel du Cygne, où fut signé le traité de Francfort-sur-le-Mein.

suite de très graves difficultés soulevées par Bismarck, Jules Favre dut se rendre à *Francfort-sur-le-Mein*, accompagné par Pouyer-Quertier, ministre des Finances, dont l'esprit souple et fin soutint brillamment la lutte contre Bismarck.

La discussion relative au traité de commerce fut très violente.

Pouyer-Quertier, ministre des Finances.

Nos plénipotentiaires avaient reçu l'ordre de réserver l'avenir sur ce point-là ; mais Bismarck déclara qu'il aimait mieux recommencer la guerre à coup de canon que de s'exposer à la guerre à coup de tarifs. Il fut donc convenu que la France et l'Allemagne prendraient pour base de leurs relations commerciales le régime et le traitement réciproques sur le pied de la nation la plus favorisée.

Enfin le 10 mai toutes les questions furent réglées et le traité fut signé.

La paix était rétablie entre la France et la Prusse et le but si ardemment poursuivi par Bismarck était atteint : l'Allemagne était unifiée.

TERRITOIRE ANNEXÉ PAR L'ALLEMAGNE EN 1871

Déchéance de l'Empereur
prononcée par l'Assemblée nationale
(SÉANCE DU 1er MARS 1871).

La séance débuta par la lecture du rapport de Victor Lefranc portant ratification des préliminaires de paix. Cette lecture faite, Bamberger, député de
la Moselle et Strasbourgeois de naissance, s'empressa de protester, au nom
de ses collègues de l'Alsace et de la Lorraine, contre ce projet de traité, et
dans son discours, il fut amené à déclarer qu' « un seul homme devait signer

ce traité, et que c'était Napoléon III. » Au milieu des interruptions et du tumulte, le député Conti essaya de défendre l'Empereur, son ancien maître. C'est alors que le député Target et plusieurs de ses collègues proposèrent à l'Assemblée l'adoption de la résolution suivante :

L'Assemblée nationale, dans les circonstances douloureuses que traverse la patrie et en face de protestations et de réserves inattendues, confirme la déchéance de Napoléon III et de sa dynastie, déjà prononcée par le suffrage universel et le déclare responsable de la ruine, de l'invasion et du démembrement de la France.

Thiers,
chef du pouvoir exécutif.

Le député Gavini voulut de nouveau protester contre cette accusation; il provoqua l'intervention à la tribune de Thiers, chef du pouvoir exécutif, qui prononça les paroles suivantes, entrecoupées de bravos et d'applaudissements :

« Messieurs, je vous ai proposé une politique de conciliation et de paix, et j'espérais que tout le monde comprendrait la réserve et le silence dans lesquels nous nous renfermons à l'égard du passé. Mais lorsque ce passé se dresse devant le pays, lorsque ce passé semble se jouer de nos malheurs dont il est l'auteur, le jour où le passé se dresse devant nous, quand nous voudrions l'oublier, lorsque nous courbons la tête sous ses fautes, permettez-moi de le dire, sous ses crimes, savez-vous ce que disent en Europe les princes que vous représentez — je l'ai entendu de la bouche des souverains — ils disent que ce n'est pas eux qui sont coupables de la guerre, que c'est la France; ils disent que c'est nous. Eh bien! je leur donne un démenti à la face de l'Europe. Non, la France n'a pas voulu la guerre; c'est vous, vous qui protestez, c'est vous qui l'avez voulu. Vous avez méconnu la vérité. Elle se dresse aujourd'hui devant vous; et c'est une punition du ciel de vous voir ici, obligés de subir le jugement de la nation, qui sera le jugement de la postérité... »

Jules Grévy,
président de l'Assemblée nationale.

Le président Grévy met alors aux voix la proposition de déchéance. Tous les députés, moins cinq ou six, se lèvent d'un élan spontané et votent par acclamation la **proposition Target.**

(*Moniteur officiel* du 3 mars 1871.)

Table sur laquelle fut signé le traité de Francfort.

CONCLUSION

La France a été vaincue dans cette guerre, parce qu'elle n'était pas préparée à la lutte. Son armée était trop inférieure à celle de l'ennemi. La science militaire, l'habileté du commandement et surtout la puissance de l'artillerie ont triomphé de la bravoure de nos soldats. Toutefois la résistance opposée pendant quatre mois, sous le gouvernement de la Défense nationale, reste pour nous un titre de gloire impérissable et une espérance pour l'avenir. Gambetta sut communiquer à la France le feu qui l'animait. Des armées improvisées, et dans lesquelles se confondaient toutes les classes de la nation poussées par un élan sublime, combattirent contre des troupes aguerries et les repoussèrent même en plusieurs rencontres. Chanzy, Faidherbe, Bourbaki, firent des prodiges de valeur, ils surent inspirer à leurs soldats le dévouement, l'abnégation, l'héroïsme. S'ils ne purent ramener la victoire sous nos drapeaux, s'ils ne purent sauver le pays, ils ont du moins excité l'admiration du monde entier et ils ont droit à la reconnaissance éternelle de tous les Français.

Une nation qui accomplit de tels prodiges peut avoir confiance en elle-même.

TABLE DES MATIÈRES

~~~~~~~~

CARTES ET PLANS DE BATAILLES

Paris. — Imp. LAROUSSE, rue Montparnasse, 17.

LIBRAIRIE LAROUSSE, 17, rue Montparnasse, PARIS
Envoi *franco* au reçu d'un mandat-poste français ou international.

LA FRANCE MILITAIRE
ILLUSTRÉE
Par le Lieutenant-Colonel A. DALLY

Organisation des armées de terre et de mer.
Armes. — Armures. — Costumes.
Drapeaux. — Décorations. — Ordres militaires.
Hôtel des Invalides.

Un beau volume in-8°, illustré de 360 gravures
2e édition

Broché, **3** fr.; Relié tr. blanches, **4** fr.; Relié tr. dorées, **4** fr. **50**.

LES
PRINCIPAUX COSTUMES MILITAIRES
DE LA FRANCE ET DE L'ÉTRANGER

En quatre feuilles sur carte demi-raisin contenant chacune 20 sujets en couleurs

1re feuille : Des temps préhistoriques au xve siècle.
2e feuille : Du xve siècle à la Révolution française,
3e feuille : De la Révolution à nos jours.
4e feuille : Armées étrangères.

Chaque feuille : **50** centimes.

CHANTS MILITAIRES
A DEUX VOIX

Poésie de GEORGES HAURIGOT. Musique de CLAUDE AUGÉ.

I. Chansons de route. | III. En avant !
II. Nos victoires. | IV. Défilé du régiment.

Chaque chant : **15** centimes.

www.ingramcontent.com/pod-product-compliance
Lightning Source LLC
Chambersburg PA
CBHW071759090426
42737CB00012B/1884